梵净山纪事

饶绍君 主编

中国文联出版社
http://www.clapnet.cn

编 委 会

序

□ 滕明勇

　　实施文化带动，重塑文化灵魂，助推历史普及，提高全民认识，挖掘地方文化，推出本土亮点，回顾历史辛酸，珍惜美好生活，激发人们爱家乡、求上进的正能量氛围，是人文工作者的职责所在。历时两年，经过各部门、各界人士协同努力，这本《梵净山纪事》得以成书。收集的资料本着详实可靠、尊重历史，具有涵盖面广、综合性强的特点，不但具有生动可读性，更具有历史查询、核实事件的作用，是一本实用且意义重大的工具书。这本书在一定程度上填补了历史对梵净山大事件记载的不足或匡正其他资料所记载的谬误，它是历史研究的素材，也是档案资料和文献资料的有益补充。

　　梵净山在历史上曾有柜山、欢菟山、饭甑山、三山谷、思邛山、九龙山、月镜山、大佛山、卓山等称谓，在明万历梵净山佛教第一次重建后，史籍一直称之为梵净山，意为梵天净土。然而，这片土地却命运多舛、累遭战火兵燹，寺院累毁累建，佛事时衰时兴，令人扼腕于佛运之厄运，更感叹于精神弥坚。而今，重逢盛世，梵净佛法喜迎中兴，庇佑着江口一方人民安逸和美生活，让全世界心存善念的人们纷沓而来，虔诚朝拜，濯洗心灵，除去烦扰。《梵净山纪事》记下的是梵净山的魂，是梵净山风风雨雨中成长的过程。

　　近年来，梵净山周边涌现了不少貌似记载梵净山历史的书籍，均因编者立场、学识等原因，出现了张冠李戴现象。江口县政协为还原历史的本来面目，自2014年始，组织了专门的工作人员，前往北大图书馆、省图书馆和相关的档案馆查阅资料，在浩繁的上千部书籍中，寻找出梵净山的脉络和枝叶。在选编内容方向上，按上古时期至明万历年间选武陵山区域；汉时选梵净山周边郡县与梵净山有关联的历史资料；明朝万历重兴梵净山至江口建县前，选省溪、提溪、朗溪、平头等土司区域；江口1913年建县后，则以江口县有关梵净山相关资料为主编辑而成。

昨天的历史就是今天的文化，中国人之所以是中国人，是因为有中国传统文化，江口梵净山之所以能招揽四方来客，让"梵净山"唱响国际，让"梵净江口佛光之城"扬名四海，毋庸置疑是几千年文化的传承，历史的厚重是它坚强的根基。所以，我们编辑出版这本《梵净山纪事》一书，就是要力所能及把事关梵净山的历史深度挖掘，让梵净山披上历史的华光，展示沧桑的风骨，为夯实梵净山旅游的文化内涵服务，为文化大发展大繁荣服务，为今天的脱贫攻坚奔小康服务，为地方经济发展服务。我们相信，在县委政府的坚强领导下，在干群的苦干实干下，梵净山必然会迎来一个灿烂的新时代。

由于时间紧、编辑水平有限，难免出现系列问题，恳请读者批评、指正和海涵。

二〇一六年十一月三十日

（作者系江口县政协主席）

目录 CONTENTS

第一篇　梵净山概述

一、地理位置

（一）地理区位

贵州梵净山国家级自然保护区生态旅游区位于贵州省东北部铜仁地区梵净山国家级自然保护区试验区内，横跨江口、印江、松桃三县。距行署驻地铜仁市 80 公里，距省会贵阳市 304 公里，距邻省国家级风景名胜区张家界 310 公里。

（二）旅游经济区位

铜仁市位于贵州东北部，处于西南旅游向中国中部、东部延伸的过渡点。梵净山位于铜仁市腹地，周边众多著名的国家级旅游区产生有机的联系：东北有湖南张家界国家森林公园；北有名冠天下的长江三峡和九寨沟、峨眉山等风景区；西有省城贵阳和红枫湖、黄果树潕阳河等风景名胜区；南有广西桂林和云南丽江、石林等风景名胜区，与国家级潕阳河风景名胜区毗邻并共同构成贵州东线旅游的热点，形成了川、桂、黔、滇共有的西南旅游发展圈。由于近年来交通建设的发展，"万州—利川—凤凰古城—梵净山"和"重庆—乌江画廊—梵净山—铜仁"两条与梵净山相关的旅游线路已经逐渐成熟，梵净山旅游也纳入了长江三峡区域旅游范畴。

二、自然条件

（一）地质地貌

在漫长的地质发展史中，梵净山地区经历了梵净山运动（又称武陵运动或四堡运动）、雪峰运动、燕山运动、喜马拉雅山运动四个地质构造时期。经同位素测标，梵净山形成始于距今 10 亿至 14 亿年之间。梵净山背斜褶皱发育，有大罗背斜、张家坝倒转背斜、牛凤包倒转向斜，断裂有淘金河正断裂、余家河断裂等构造，全区以金顶为中心，地势向北和向西逐渐下降，形成了东南高，东北部和西部低的斜坡面。由于地质运动的多期性和继承性，使本区形成了岭峰插天，沟谷深切的峡谷侵蚀构造地貌和溶蚀构造地貌。

梵净山位于中国自西而东层层下降地势第二阶梯的云贵高原向湘西丘陵的过渡地带，是武陵山脉主峰。梵净山山体庞大，地势降起显著，最高峰凤凰山海拔 2572 米，次高峰老金顶海拔 2493.8 米，同东坡山麓盘溪沟口（海拔 500 米）比较，高差达 2000 米。山脉多呈东北至西南走向，区内基岩以变质板岩、变质砂岩为主。以凤凰山、金顶所在中心峡谷地形为中心，四周逐次散布低中山、低山和丘陵各种地貌类型。全区山势雄伟、层峦叠嶂、坡陡谷深、溪流纵横、飞瀑悬泻。整个地区显现出亚高山山地地貌类型的奇伟景观。

（二）气候

梵净山地区受东南亚太平洋季风控制，属亚热带湿润季风气候区，夏季受东南海洋季风影响十分显著，冬季受寒潮影响一般较小。

梵净山年平均气温 13.1~14.7℃，年极端高温 37.7℃（张家坝），年极端低温-13℃（护国寺），最热月（7 月）平均温度 25.3℃，最冷月（2 月）平均温度 2℃，气温随地势增高而降低。年无霜期 270—278 天，年日照时数 900—1170 小时，年降水 1100—2600 毫米之间，相对湿度平均达80%。

按热量带划分，有明显的垂直带谱，从山脚至山顶分别是中亚热带、北亚热带、北温带、中温带。

总的特点是：气候温和，光能充足，雨量充沛，冬无严寒，夏无酷暑。

（三）水文

梵净山为乌江与沉江水系的分水岭。区内冲沟密布，故有"九十九溪"之称，水系呈典型的放射状向四周分流，主要有太平河、马槽河、黑湾河、盘溪河、牛尾河、肖家河等九条河流。

太平河：史称省溪、宙逻江，发源于梵净山东侧松桃县高洞，为锦江主支流之一。河长 63.7 公里，集雨面积 744.6 平方公里。

马槽河：发源于梵净山东部炕药洞，流经快场村注入太平河。河长10 公里，集雨面积 33 平方公里。

黑湾河：发源于梵净山南部茴香坪，流经江口县太平镇马马村，注入太平河。河长11 公里，集雨面积 25.3 平方公里。

（四）植被

梵净山地处中亚热带，气候温和，雨量充沛，森林覆盖率接近 90%，植被类型多，原生性强，共分三个植被地带：

1. 海拔 1300 米以下为常绿阔叶林带；
2. 1300—2200 米是常绿阔叶和落叶阔叶混交林带；
3. 2200 米以上是亚高山针阔混交林带和草甸灌丛地。

全山地形复杂，生态环境多变，由此形成了梵净山森林类型多样、植物种类丰富、古老子遗珍稀植物繁多的森林特征。据调查，区内有铁杉林、水青冈林、黄杨林、珙桐林等 44 个不同的森林类型。植物种类约2000 余种，仅木本植物就有 900 多种，其中许多是材质优良、质地坚硬、用途广泛的名贵树种；区内列入国家保护的植物有 31 种：一级保护植物 6 种，二级保护植物 25 种。另外，区内各种不同用途的资源植物近 1000 种。

（五）动物资源

梵净山由于山体庞大，地形复杂，原始森林保存完好，上亿年来保持着自然生态平衡，为各种珍禽异兽提供了栖息繁衍的天然良好场所。据科学考察，全区拥有华中、华南、西南三个区系成分的动物，共 1004 种，另 4 亚种，其中兽类 69 种，鸟类 191 种，另 4 亚种，两栖爬行类 75 种，鱼类 48 种，陆栖寡毛 21 种，昆虫类 2000 余种。列为国家保护的珍稀动物共 35 种：一级保护动物有黔金丝猴、华南虎、白颈长尾雉等 6 种，二级保护动物有大鲵、黑熊、藏酋猴等 29 种。

三、历史沿革

《竹书纪年》："（武丁）高宗三十二年，伐鬼方，次于荆。""三十四年，王师克鬼方，氐、羌来宾。"

《易·既济》："（殷）高宗伐鬼方，三年克之。"

史书典籍中的这几条记载相互吻合，说的是一回事，即殷王武丁三十二年，出军先到边境荆地驻扎，集结兵力，侦察情势，制定战略，然后进攻鬼方，打了三年，取得胜利，声威远震，西方的氐、羌因来臣服，其功绩同以前开国的成汤王伐氐、羌一样煊赫。关于此事，恰在殷墟甲骨卜辞中得到印证。卜辞中有"贞王勿乎妇好往伐鬼方"之言，其说正是征伐鬼方之事。

在这段殷王武丁征伐记事中指出了两个地名：一是荆，一是鬼方。鬼方是个很古老的地区称谓，其地缘和荆相连，在荆地之外的西南。所谓荆地，即是后来楚国的荆襄之地，通称为荆楚，其中心约为现今的湖北一带。当时荆地外西南的鬼方之地相当广大，东起现今的湘西、川南与黔东北，西至贵州的威宁、盘县、兴义及云南的昆明等地。荆地与鬼方的分界线就是自西周至春秋均无多大变化的荆地西南的边界线。

春秋时期，今贵州地总称为荆州西南裔，泛称南蛮或荆蛮。其中含梵净山在内，相当于今地名北起沿河，中经印江、石阡、三穗等县，南至榕江一线以东为楚国的西南境，名叫黔中。与此同时并存的，当时还有巴国、鳖（一作鳖）国、鰼国、蜀国、牂牁国，其中牂牁为大。其地横跨现今贵州的大部分及云南、广西一部分地域，一般以牂牁来代表春秋时的贵州。

自商周以来，梵净山所属之地系开发较早的荆楚西南部黔中之境。差不多是梵净山西南坡山脚下自沿河、印江、石阡一线以外为鬼方或后来的西南夷、南蛮之地。梵净山所属乃楚国的黔中之地。

（一）武陵辰阳郡县变迁

战国时期，贵州地域大致可分为两部分：一是自沿河至榕江一线以东，此为楚国的黔中地；一是其他西部地方，属大夜郎国范围。黔中地，处于楚国和秦国的交界处，成为秦、楚两国争夺的地方。

周赧王四年（公元前 311 年），秦惠王请以武关外地易楚黔中，不可得。十六年（公元前 299 年），秦又质问楚怀王，要求楚割巫、黔中给秦，怀王不许。两次强讨而不可得。

楚顷襄王十九年或秦昭襄王二十七年（公元前 280 年），秦司马错发陇蜀兵攻楚，拔黔中。楚舍不得黔中之地，愿割上庸、汉北与秦，收回黔中之地。然而秦国似并不罢休，非得黔中地不可。公元前 277 年，秦武安君自起攻下楚郢都后，夺得巫与黔中地。秦蜀守张若又攻取楚的江南之地，秦因之始设黔中郡。此乃梵净山所属之地历史上第一个行政区辖的名称。失去黔中地，楚国何以甘心？梵净山所在的黔中之地，似乎自古便是用兵之地，战事迭起。次年，楚顷襄王收淮泗兵得十万，向西南夺回秦占去的江南十五邑，黔中地复归楚国。

此中战事，亦可明确当时黔中郡的位置：楚顷襄王（有载楚威王或楚庄王，不甚确）时，曾派大将庄蹻（又作庄豪、庄趼、庄蹻）率军西征，溯沅水而上，到达且兰，橡船登陆步战，且兰战败，夜郎请降。庄蹻一直西进至滇（今云南昆明一带），以兵威镇，似也降服。庄蹻即派人回报楚王。想不到这时黔中郡被秦国所占，归路不通。庄蹻便留在滇为王，改换当地服装，顺应当地民风，分派部将出镇各地。因此，滇、夜郎、且兰诸国都在他的控制下，变成半独立状态的国家，一直延续至秦统一中国后，情况才有变化。

此事对认识古代铜仁及梵净山地区的政区归属和位置均有参考价值。此战事在许多史书上均有详略不同、视角不同的记载。今可见光绪《铜仁府志》中一段归纳性记叙："楚威王时，使将军庄趼将兵，循江上略巴、黔中以西，趼至滇池，方三百里，旁平地肥饶数千里，兵威定属楚。欲归报，会楚击秦，巴、黔中郡道塞不通，乃以其众王滇，变服从其俗以长之。"《华阳国志》："周之季世，楚顷襄使将军庄蹻，溯沅水，出且兰，以伐夜郎，植牂柯系舡于既克夜郎，秦夺楚黔中地，无路得归，遂留王之，号为庄王。以且兰有栎舡牂舸处，乃改其名为牂舸。分侯。支党，传数百年。"类似的记载在《遵义府志》《后汉书》《贵州通志》等书中都有。据此记载可看出这样几点：

1. 黔中地是楚国西部与他国相交界之地，在其西有且兰，再西有夜郎，再西有滇等国。

2. 楚与秦两国为黔中地之归属争战多年，黔中地在楚、秦两大国间数易其主。

3. 梵净山在黔中地之西境，成为黔中地与且兰间的交界地。按《贵州古代史》一书所作地图及观点，以今沿河、印江、石阡、三穗、剑河至榕江一线以东均为黔中地，那么梵净山无可争辩地属黔中地境内。

4. 以庄蹻西征战争来分析，有观点认为铜仁属且兰境地。《铜仁府志》记载："《后汉书》：'庄豪从沅水伐夜郎，军至且兰，橡船于岸而步战。'可见且兰为沅水所出，又可见其疆域必至今沅水上流可通舟楫之处，故庄豪水军得达其地而橡船也。沅水即今贵州镇阳江，源出黄平州，历施秉、镇远，又历青溪、玉屏入湖南晃州。今之溯沅入黔者，舟可抵镇远城下。庄豪时，水道当无异。然则铜仁实故且兰境也……"此种观点似也有据。如此属确论，那么于铜仁之西二百余里（古人测距）的梵净山，有可能属且兰之境，也可能是他属之境地。由此想来，战国时梵净山之地要么是秦楚两国相争之黔中地，要么可能是中原大国与未入行政区划的西南"蛮夷"国之间的边界之地。

秦统一六国，秦始皇嬴政二十六年（公元前221年）分全国为三十六郡，重新置名黔中郡。黔中郡东部为长沙郡，南界外乃属蛮夷之地，尚未纳入行政管辖。黔中郡北部即为今印江、沿河以东一线，南界为思南、江口东入湖南一线，梵净山居黔中郡之中部。就此而论，在封建王朝统一国家建立之始，梵净山的第一个行政区划应归属于秦黔中郡。而此时的贵州绝大部分地区尚属未开发的行政区划外之境。

秦代统治的时间不长，黔中郡之名使用的时间很有限。

公元前202年，汉高祖改秦黔中郡为武陵郡，隶属于荆，其涵盖今贵州东部一带。自此，梵净山属武陵郡。

据《汉书·地理志》载："武陵郡领十三县。"一般认为，其中的镡成县、无阳县、辰阳县、酉阳县辖地在今贵州境内。辰阳县，据《汉书·地理志》载："辰阳，三山谷，辰水所出，南入沅，七百五十里。莽曰会亭……"考辰水即今锦江，三山谷即梵净山，其县所辖在今铜仁、江口、万山及湖南麻阳一带。《汉书》中的这一记载十分重要，为后代考证梵净山的地理位置及其周围水流的重要依据，直至二千年后的晚清时期，《铜仁府志》中仍对三山谷、辰水等有一个概括性的记叙："铜仁大江谓即辰水，小江谓即独母水。《方舆纪要》：'辰水源出湖广辰州府沅陵县三峿山西，南流至辰溪县界，入沅江，一名辰溪。辰溪县南十里有辰溪，盖自沅陵西南流入沅江也。郡县以水得名，由来久矣。'兹《水道考》'以九龙山为三山谷。'又云：'三山谷今俗名梵净山，翁济洞及北山即古之龙门山……旧志谓大江源出九龙山。'而《水经注》谓独母水出龙门山，《水道考》谓辰水出三山谷，《方舆纪要》谓出三峿山，以今水道求之，则所谓此数山者，当系梵净山无疑。"这一记载使我们明确了《汉书》中记载的三山谷即今天的梵净山。《汉书》上的这一记载，可充分看出梵净山之地开发较早。这是史书首次记载梵净山，同时，武陵郡辰阳县成为第一个明确记有梵净山的行政辖地。此后，武陵郡这一名称沿用了很长的历史时期，当然，也因朝代的更替而有短时的变化。

关于黔中郡和武陵郡两名，光绪《铜仁府志》中有篇《黔中考》（靖道谟撰）有一段总结性的论述："黔中之名始于秦，唐宋皆以为郡。然其地，今湖南四川皆有之，不知何以独属贵州也？秦分天下为三十六郡，以所取楚巫、黔中之地为黔中郡。汉高帝四年改为武陵郡。是自秦以前，今湖南之常、辰、宝、靖诸府州，皆黔中也。自汉以后，今贵州之思、石、铜、黎诸府，皆武陵也。黔中之名，贵州不得丽专有也。"

王莽建国元年（公元9年）改武陵郡为建平郡，改辰阳县为会亭县。东汉时复称武陵、辰阳。两汉时武陵郡领县三，东汉时变为十二，其多数在今湖南，含有今贵州之地的只有三县，即镡成县、辰阳县、无阳县。辰阳县城中心在今湖南凤凰附近，其西部沿麻阳江北岸至铜仁直达印江。梵净山被包属辰阳县。

东汉初年，武陵五溪地方的少数民族揭竿而起反抗朝廷。关于这次造反，《后汉书》及其他史志中均有记载。

建武二十三年（公元47年），"武陵蛮叛，寇郡县"，东汉王朝派武威将军刘尚率领南郡、长沙、武陵等郡的万余将士向武陵五溪地方进攻。这一带少数民族在相单程率领下，"据其险隘，大寇郡县"，抗击官军。武溪一战，相单程以熟悉地形，英勇奋战，大败刘尚，使其全军覆没。接着相单程乘胜攻下临沅（今湖南常德）。第二年，东汉王朝又派谒者李嵩、中山太守马成前往进剿，又被击败。过了一年，汉王朝又派伏波将军马援、中郎将刘匡、马武、孙永等率领大军进攻临沅。武陵人民"乘高守隘""升险鼓噪"，英勇抗击，使官军遭到很大伤亡。其时因暑热疫死的军士不少，马援也因屡遭惨败而病死军中。东汉政府在屡次战败之后，无力进攻，不得不实行所谓"招抚"。谒者宋均从统治阶级利益出发，调伏波、司马吕种闯入相单程营，"告以恩威，因勒兵随其后，蛮夷震怖，即共斩其大将而降。于是入贼营，散其众，遣归本乡，为置长吏而还"。武陵一带少数民族的反抗斗争，至此告一段落。

此为史书第一次记载的梵净山武陵地少数民族的反抗斗争。从汉至清历时约 2000 年，不屈不挠地反对统治阶级的压迫、剥削，实在是这一带少数民族的光荣传统。

武陵郡辰阳县在三国时代又为蜀、吴争夺之要地。这一带少数民族军队曾助刘备伐孙吴。《三国志·蜀·先主传》中记载如下："初，先主忿孙权之袭关羽将军。秋七月遂帅诸军伐吴。……军次秭归。武陵五溪蛮夷遣使请兵。"第二年，蜀汉军败，武陵郡为孙吴占领，领县十一，含辰阳县。同年，蜀汉改巴东属国为涪陵郡，其南部置万宁县，与武陵郡辰阳县相邻。万宁县即今德江、务川、印江一带。梵净山恰为两县、两国之分界，主峰在武陵郡辰阳县一侧。

西晋咸宁六年（公元 280 年），蜀汉既灭，司马氏废魏灭吴，天下多归一统。晋武帝颁法改制，先置十九州，后增至二十一州，州下设郡。武陵郡属荆州，涪陵郡属梁州。晋代时梵净山横跨武陵、涪陵两郡，为两郡之分界，主峰在武陵郡一侧。

南北朝时期，宋孝武帝孝建元年（公元 454 年），析荆州的江夏、竟陵、武陵、天门等八郡置郢州，于是武陵郡隶属郢州。至南齐时，郡县又有变化，今沿河、德江、思南以西全属涪陵；印江、石阡、江口、铜仁、万山、松桃之地都归属武陵。涪陵、武陵两郡都有所扩大，梵净山属武陵郡。

陈废帝光大元年（公元 567 年），析武陵郡辰阳县置南阳郡，领新置的建昌县。自陈始至隋朝，武陵郡分而治之，有沅陵郡、南阳郡等。今印江、石阡、江口、松桃等梵净山地尽属南阳郡。其时梵净山在南阳郡的辰阳县境内。南阳郡南面邻夜郎郡。

北魏时地理学家郦道元在其所撰《水经注》一书中对梵净山及其周围的水流记载甚详："沅水出牂牁且兰县，为旁沟水，又东至镡成县，为沅水，东过无阳县。沅水又东经辰阳县南，东合辰水。水出县三山谷，东南流，独母水注之。水源南出龙门山，历独母溪，北入辰水。辰水又径其县北……辰水又右会沅水，名之为辰溪口。武陵有五溪，谓雄溪、樠溪、无溪、酉溪，辰溪其一焉。夹溪悉是蛮左所居，故谓此蛮五溪蛮也。"

隋代历三十八年，局势一直不稳定。开皇元年（公元581年），废梁时的南阳郡，于其地置寿州，无领县。公元589年，改沅陵郡置辰州，改辰阳县曰辰溪县，又废梁夜郎郡置静人县。隋时的梵净山在寿州的辰溪县和静人县之间。

开皇十八年（公元599年），改寿州曰充州。大业初又废充州，并其地入辰州，改辰州曰沅陵郡，又废静人县入辰溪县。此时沅陵郡辖地合并了梁、陈时的南阳郡、夜郎郡、沅陵郡及武陵郡的辰阳县，共领五县（含辰溪县）。

辰溪县所辖本汉辰阳县之地，其以在辰州之阳而得名。梵净山其时属辰溪县辖地。

唐代以州或郡辖县，承袭隋代。州、郡两名更换互用，用州时，长官称刺史；用郡时，长官称太守。唐太宗贞观元年（公元627年）起，全国划十个大行政区曰"道"，其长官有巡察使、节度使等，主要称为节度使。

武德四年（公元621年），以隋巴东郡为务川县，置务州。贞观四年（公元630年），改务州为思州，以思邛水命名，领三县：务川县、思王县、思邛县。思邛县即今印江县，其地界将梵净山主峰包容于内，其辖地与充州相邻。充州领五县，为今石阡、江口、岑巩、镇远等地。其东邻锦州，领十五县，为今之松桃、铜仁东北、万山等一带。由此可知梵净山在唐朝时郡县辖地。

时唐人李吉甫撰有《元和郡县图志》一书，顺理五溪蛮之历史于篇中，再次提到"三山谷"："辰州，《禹贡》荆州之域。春秋时属越。秦为黔中郡。汉为武陵郡沅陵县地。按《后汉书》高辛氏有畜犬曰盘瓠，帝妻以女，有子十二人，皆赐名山广泽，其后滋蔓，今长沙武陵是也。光武时尤盛，其渠帅精夫、相单程等据险为寇。精夫者，蛮为渠帅者也。汉遣将军刘尚，发兵万余人，溯沅水入武陵击之。山深，水急，舟船不得上，蛮缘路邀战，汉军皆没。后遣伏波将军马援等至临，沅击破之，相单程等悉降。蛮平，因置吏。陈文帝于此置沅陵郡，开元九年改为辰州，取辰溪为名。谨按：辰州，蛮戎所居也，其人盘瓠子孙。或曰巴子兄弟立为五溪之长，今酉溪在州西、次南武溪、次南沅溪、次南辰溪、次东南熊溪、次东南朗溪。其熊、朗二溪与郦道元《水经注》虽不同，推其次第相当，则五溪尽在今辰州界也。景云二年（711 年）置都督府，开元中罢。"

"麻阳县，陈天嘉三年（公元 563 年）于麻阳麻口置戍；垂拱四年（公元 688 年）置龙门县，寻改为麻阳，因戍为名。三山谷，一名辰山，在县西南八百三十五里。"

此书所记载的这段文字可看作唐代对梵净山地区历史演变、行政区辖及民族构成等的一个总结性文献。

宋代第一级大行政区叫路（相当唐代的道），路下为州。宋徽宗大观元年（公元 1107 年），土著首领田佑恭入朝。宋徽宗宣和元年（公元 1118 年），朝廷以田佑恭所辖之地置思州，置领务川、邛水、安夷三县。至南宋高宗绍兴二年（公元 1132 年），朝廷仍以田佑恭为守令治思州。其地相当于今天的印江、石阡县城以西至务川、沿河、正安、湄潭等地。

宋熙宁七年（公元 1074 年），宋神宗置沅州，今之铜仁、万山、天柱东部及玉屏、江口、松桃等地均入沅州版图。其时，梵净山主体属辰州境内，其山体一部则在田佑恭所治的思州境内。

元世祖至元二十七年（公元 1290 年），元朝定制，于全国置十一行政中书省，简称行省，长官称为平章政事。其中关系到今贵州省地的有三个行省，即湖广行省、四川行省和云南行省（其时还无贵州行省建制）。行省以下的政区为路，长官为宣慰使。

元至元十四年（公元 1277 年），思州土著首领田谨（一作景）贤以地降，随改思州军民安抚司。元至元十八年（公元1281年）闰八月，升思州为宣慰司。公元1292年五月改为思州军民安抚司，隶属湖广行省。思州宣慰司领思州安抚司及镇远、黎平二府。思州安抚司领县一、长官司二十二，其地辖约今之岑巩、铜仁、江口、石阡、思南、德江、凤冈、印江、务川、沿河、松桃、乌罗、万山等。梵净山在元代属思州安抚司。

（二）铜仁乌罗五属开发

明代全国的大行政区共十三个，叫承宣布政使司，习惯上称省，即有十三省。

明太祖洪武四年（公元1371年），改思州宣慰司地属四川省（原属湖广）。洪武六年（公元1373年），改名思南道宣慰使司，领三县。

公元1413年，即明成祖永乐十一年二月，置贵州承宣布政使司。这是贵州正式建省，分置铜仁府和乌罗府，隶属贵州布政司。是年十一月，废思南宣慰司，置思南府，隶贵州布政司。从永乐年间的这一行政建制来看，属今梵净山的东、北、西三县江口、松桃、印江之地，分别建起了铜仁府、乌罗府、思南府和石阡府等。对这一重大改制，《明史》记载："铜仁府，本思州宣慰司地。永乐十一年二月置铜仁府。领县一，长官司五。西南距布政司七百七十里。""乌罗长官司……永乐十一年二月置乌罗府，领朗溪蛮夷长官司，乌罗答意、治古、平头、著可四长官司治于此。正统三年五月府废来属。西有九龙山，铜仁大江源于此。"关于乌罗府的情况，有特殊性，永乐十一年改制时，建立乌罗府，至正统三年（公元1438年）废府而归属于铜仁府为乌罗长官司。乌罗府存在的时间仅25年。另可明确的是，梵净山的行政区辖一直在乌罗境内，无论其为府还是为长官司；对于思南府的改制及思州府、石阡府的设置等都载明为永乐十一年。可见，明代建贵州承宣布政使司时，同时确立了一批府。《明史》乃清乾隆年间修撰，实属追述、补记一类，而且比较简略。

对明永乐年间的建省置府的重大行政区辖变动，从明代的一些志书上查得的记载更详细、更具体，也更近历史的真实。明弘治十七年（公元 1504 年）修纂过一部《贵州图经新志》。这部志书修纂的年代距贵州建省约百年之后，这是于今所知贵州建省后的第一部全省性志书。在此之前有过思南府的、石阡府的志书，但尚无铜仁府的志书。由此可知这是建省置府后第一次在志书上明确铜仁府的位置，不可不读。

"铜仁府：地理，东至思州府施溪长官司界；南至黄道溪长官司界，距七十里；西至思南府印江县界，一百里；北至四川邑楼长官司界，二百二十里；东南到思南府黄道溪长官司界，八十里；西南到思州府都素蛮夷长官司界，一百三十里；东北到湖广五寨长官司界，一百五十里；西北到思南府朗溪长官司界，一百四十里。自府治至南京四千二百七十里，至京师七千八百里。"

嘉靖年间的《贵州通志》的记载与此基本一致。这一疆域情况至明代末期似无大的变化，这可从万历后期的一部《铜仁府志》中得到证实。在这部府志中，对铜仁府的疆域是这样划定的："东抵思州府施溪司界四十里；东南抵湖广沅州界八十里；南抵思州府黄道司界六十里；西南抵思南府、印江县界一百八十里；西抵四川酉阳司界一百二十里；西北抵思南府朗溪司界一百四十里；北抵湖广永顺宣慰司界二百里；东北抵湖广五寨司界五十里。自府城至省城陆路八百里，至北京陆路七千八百里，至南京陆路四千二百七十里。"就此，我们对梵净山地区于明代的大概地理位置与行政建制有了一个了解。就行政区辖言，梵净山属铜仁府乌罗长官司境内（永乐至正德的一个短时期乌罗曾建府）。但它的实际位置处于铜仁府乌罗司、思南府印江县等区域内，邻近它的还有石阡府、思州府以及四川的酉阳，湖广的永顺、五寨等地区。这一位置从今天的地图上看十分清楚。

梵净山山体庞大，山高林密，有很多人迹罕至之处，难以通行。现就当今地图，用直线距离测量作一大概标示。以梵净山金顶为中心，其距离铜仁市约 54 公里、思南县城约 45 公里、石阡县城约 63 公里、松桃县城约 64 公里。这四座城镇对梵净山来说都有一定距离。这四个城镇特别是前三个城镇在明代是开发较早、人口较密集的府城所在地。就近而言，有县、司一级的城镇。仍以金顶为中心，其距印江县城、乌罗、朗溪、闵孝、寨英等地都比较近。另外，今天已繁荣发展起来的小城镇还有一些，如木黄、缠溪、桃映、怒溪、普觉、德旺、江口县城等等。从这样一个大概的直线距离看，差不多离金顶最近的小镇都在 20 公里开外。当然，古人徒步行走在崇山峻岭当中，其实际距离又要超过地图上测得的直线距离。去一次梵净山，在一个白天之内是绝无可能的。古人对梵净山有一个说法叫"五属之地"，或许正反映了这个客观的情况。

历史的史实还告诉我们，梵净山自古以来为"分属""共管"或"分界""境界"之地。在梵净山《茶殿碑》中称："梵净山者，为五属毗连之区。"此"五属毗连"之说，也许指梵净山周围居住着省溪、提溪、朗溪、平头、乌罗等五家土司。此外，梵净山地区自开发以来至明永乐年建省置府后，其地跨铜仁、乌罗、思南、印江、石阡等五府县的区辖内。所谓"五属之地"正是梵净山地理位置与行政辖属的一个特点。

自明永乐年建省置府后，铜仁及梵净山地区得到进一步的开发和发展。由此至明末的二百余年时间里，这一地区是个怎样的情况呢？我们从有关史料的记载中可得到一个大概的了解。"铜仁府属梵净山"这一建置事实从永乐年建省至今没有改变，铜仁府的开发与建设直接关系着梵净山。因此，我们首先来看一看铜仁府城在明代的一个大概情况。

明嘉靖十二年曾修有一部《贵州通志》，其中对铜仁府有一概述："铜仁府，群山环绕，二水合流，东连麻阳，西接思南，北控苗界，南抵思州。高山峻岭，穷谷深溪，人迹罕至。"这一概述精练扼要。"高山峻岭，穷谷深溪，人迹罕至"，读来可感到铜仁是个穷乡僻壤之地。对铜仁府城的记叙，我们以其著名景点东山和铜崖等为例，可见一斑。《贵州通志》中记："铜仁府：东山，在府城东，山势嶙峋，雄壮秀拔，迥出诸山，为一方之巨镇。""铜崖山，在府城南，屹立铜仁大小二江之间。"这一记叙也很简练。从该志《寺观》一节中查得："东山寺，在府治东，正德十年，参议蔡潮建。"可知，此时东山上已有东山寺了。顺便查阅铜仁府城的开建简史，可发现有这样几个关键的年代：铜仁城关，元代称铜人，置铜人大小江长官司。明永乐十一年（公元 1413 年）始置铜仁府；明景泰二年（公元 1451 年）筑土城；嘉靖九年（公元 1530 年）建石城，后经历代增修……

明万历二十三年（公元 1595 年），进士曹学佺著有一部《贵州名胜》有关于铜仁府的记载："铜仁府……元置铜人大小江等军民长官司。盖境之西南有大江，西北有小江，当其合流之离数十仞，挺然立于中流。相传有渔者，没其底，见三足如鼎，儒、道、释三像，故以铜人名崖及置长官司。始易人为仁，永乐年始置铜仁府，隶贵州。"与此差不多同时的《黔记》有这样的记载："西南有铜崖，当大小两江合流，其崖居中竦立，高数十人没其底，见三足如鼎，得铜范儒、释、老三像，故名。参议蔡潮建鳌亭于上。"两篇记载所不同的是，《黔记》载有蔡潮建有鳌亭于崖上。这是人文景点的建设。

万历末年的《铜仁府志》中记载又有所不同。其《形胜》一节中，概述全府曰："群山环绕，二水合流，山接蚕丛，江通云梦，高山峻谷深溪，九龙分秀，三江汇流，天马、双贵崎其阳，狒凤、南岳亘其险。东山盘踞，鳌屿萦撑；天乙文笔，卓立于东南，钟釜三台环卫于西北；东联锦水，西接牂牁，北扼诸夷，南通贵竹。郡居辰沅上游，其地僻绝，深溪穷谷，人迹罕至。商旅往来，舟楫通利贵阳雄郡。"这是明代对铜仁的一个具有代表性的概述。最有意思的是最后数语："其地僻绝，深溪穷谷，人迹罕至。商旅往来，舟楫通利贵阳雄郡。"显然前后矛盾。若人迹罕至，又何来商旅？若有舟楫经商，又何言"其地僻绝，深溪穷谷"？以笔者之见，这样矛盾的在一起实在是事实写照。其一，关于铜仁的"穷谷深溪，人迹罕至"情况，早已有所记载。只是有关"商旅往来，舟楫通利"则是新增。铜仁府属之地很宽，有的地方这样，有的地方那样，实在是必然的事情。其二，这新增的"商旅往来，舟楫通利"，无疑是指铜仁府城锦江沿岸。府城最先得到开发，它是全府政治、文化、经济的中心。由这段记叙可以合理地设想，至明代末年铜仁府城周围已相当发展，"商旅往来，舟楫通利贵阳雄郡"，是一派繁荣与忙碌景象的写照。但"九龙分秀"的大山，特别是这九龙山（梵净山）之地仍旧是"深溪穷谷，人迹罕至"。

梵净山周围其他一些主要城镇的情况如何呢？

思南府治思塘镇。元代置水特姜长官司，明初改为水德江长官司，明洪武二十三年（公元1390年）思南宣慰司迁治水德江。永乐十一年（公元1413年）置思南府；弘治十四年（公元1501年）始筑土城；嘉靖二十八年（公元1549年）改建石城。万历三十三年（公元1605年）改水德江长官司为安化县，府、县同城。清光绪六年（公元1880年），安化县迁治大坝场。民国二年（公元1913年），改思南府为县，设思塘镇。从这一简史中可知，思南虽和铜仁同时置府治，但筑土城晚五十年，建石城晚近二十年。

石阡府治汤山镇：元代置石阡等处长官司，明改为石阡长官司。永乐十一年置石阡府，嘉靖元年（公元1522年）始筑土城，嘉靖四十年（公元1562年）改建石城。与思塘镇相比，石阡的汤山镇开发更晚。于铜仁府治筑土城后七十余年，汤山镇始筑土城；于铜仁府治建石城后三十余年，汤山镇始建石城。这就说明，梵净山周围最主要的三个府治地中，铜仁开发最早。

另外，还有现松桃县城蓼皋镇。它于清代雍正八年（公元1730年）置松桃厅，雍正十一年（公元1733年）松桃厅同知由长冲移至蓼皋。是年于松江河东岸筑城，分内外两城，外城石筑，内城砖砌，城区面积约一平方公里。民国二年（公元1913年）改松桃为县。松桃地处铜仁北面，置府之时，乌罗、平头、著可等长官司均属铜仁府辖，待松桃置厅直属贵州行省时，铜仁划一部分土地，其中含乌罗、平头、著可等归属松桃厅，其置厅、筑城的时间晚于铜仁二百余年。

开发较早的还有印江县城。元代置思印江长官司，明弘治七年（公元1494年）改置印江县。印江城始建于明初，嘉靖二十八年（公元1549年）筑土墙，崇祯十三年（公元1640年）改筑石城。就县城而言，印江开发是较早的。印江县属思南府，所以其筑城年代晚于思南，筑土城晚思南府四十八年，筑石城晚思南府九十一年。

要了解当时的社会发展状况，还有一个重要内容，那便是当地当时的风俗。而风俗作为各类志书必录的一个项目，可给后人提供关于当时当地老百姓生产、生活中很多具体的素材与感性认识。

明嘉靖《贵州通志》中对印江县人民的生活习俗描写较详细："印江县，语言艰涩，多不可晓。勤生啬用，人皆山居野外，出则以泥封门。以来，婚丧祭祀亦知尚礼。但疾病不识医药，唯杀牛祭鬼而已。""朗溪司，峒人，多以苗为姓，语言口舌，皆前代避兵流民，服饰夷丑。以猎为主，得一兽必先祭鬼而后用之。人死则置于山峒间。近来服饰亦颇近于汉矣。"印江县地处梵净山西坡，朗溪司镇为印江县上梵净山的途经之地。

明万历《铜仁府志》中对铜仁府属内各民族的风俗习惯有较完整的记叙，内容丰富，值得一读。这篇对梵净山东、北、东南几个坡面地区各族人民风俗习惯的描写，在明代是颇具典型性的。其中所提到的平头、省溪等地实际地处梵净山麓，特别是省溪，其地就在当今江口县太平镇一带，是入东坡上金顶的必经之地。

可以说，在明代建省置府后到明代末年这段历史中，梵净山周围地区处于一个相对稳定的开发、建设、发展时期。在周围诸府、县、司，铜仁府是开发较早、发展较明显的，特别是铜仁府城首先开发、发展起来。

由明末至清代后期，梵净山地区继续发展变化，这一变化可分成两个阶段。清代前期，梵净山地区在明末的基础上，有所发展，变化虽不大，但属平稳地向开发、建设、繁荣的方向发展。清代后期，梵净山地区遭到大的劫难，情况有较大的不同。

清康熙三十六年（公元1697年）有一部《贵州通志》，其对梵净山周围思、铜数府是这样记载的："铜仁府：居辰常上游，舟楫往来，商贾所集，颇有楚风，然农知务本力田，士尚右文好学。苗獠种类不一，习俗各殊，声教渐敷，为之丕变。""思南府：汉夷杂居，言语各异，渐被华风。汉民尚朴，务本力稿，屏异教，行四礼，黜浮崇实，士慕正学，骏骏文献之风。""石阡府：淳庞朴茂，不离古习，服、嗜、婚、丧悉效华风。土著夷民，其俗各异，涵濡日久，可拟中州。"这三则记载相当精彩，与明代记载相比，一个共同之点就是"变"。

康熙之后又百余年，至清道光年间又出了一些志书。这些志书对清代前期的发展有一概括性的记录。先看道光四年（公元1824年）由铜仁府知府敬文等修、徐如澍纂的《铜仁府志》。在这本志书的《铜仁全府图说》中写道："地处省治之极东北，大小江诸水皆汇于楚之麻阳，此下游形势之大较也。山势峭削，少平阳广野之观，与思州同踞湖南之腰膂，西南与思南、石阡接壤；北则蜀，东则楚。松桃一营绾楚蜀之枢，俗名为'三不管'，实红苗盘踞之区也。"这一概说简洁、明确，特别提到松桃是"三不管"地段。同书《风俗》一节这样写道："郡居辰常上游，各土司中，汉苗杂处，人多好巫而信鬼，贤豪亦所不免，颇有楚风。然农知务本力田，士尚右文好学。虽苗、獠种类不一，习俗各殊，而声教渐敷，为之丕变。兼之舟楫所通，商贾所集，化行俗，美风景，犹类中州，《书》所谓'旧染污俗，咸与维新'，亦彬彬于礼仪之乡也。"从这段描述中，可知在府城周围较大的地区内已和中原相差无几了。而土司领属的山区，少数民族聚居或汉苗杂居之地也有相当的变化，至少从明初开发以来，经明末、清初至清道光年间一直在变化中。就此可以看出，铜仁府在清代中期，整个社会文化呈现一种平稳发展的趋势。道光十五年（公元1835年）修有一本《松桃厅志》。该志《建置》一节中说："至乾隆六十年，有逆苗石柳邓之变。事平后，增设碉堡，乃就其地设松桃直隶军民厅，而以乌罗、平头四司之地拨入松桃，于是版图四至几四百里。四司者：平头正副长官、乌罗正副长官也。乌罗副司即麻兔司。《通志》：'松桃明以前俱为红苗巢穴，接连黔楚蜀，谓之三不管地。'"这一节记载有几点新的内容：一是石柳邓起义。清代后期，在梵净山周围地区爆发了数次规模较大的农民起义，直接关系着梵净山的发展。而石柳邓的起义可说是晚清一系列起义的序幕。二是为加强军事管制而建松桃直隶军民厅，从铜仁府拨四司土地归属松桃厅。这当中包括梵净山。三是这个地区原先为苗族同胞聚居，为黔、楚、蜀三省均不管的地区。铜仁府地原先将平头、乌罗二司包括在内，而这梵净山麓之地即与广大"三不管"之地相连。道光年间的《铜仁府志》与《松桃厅志》均提这"三不管"之地，也即志书中所说的"人迹罕至"之处。而苗民所居之地区在前此志书上明言"不入版图，不供赋役"，因而经常发生"剽劫行李，攻打民寨，驱牛马，攫金帛"等事件。松桃建厅，既为了纠正"三不管"现象。就此推知，尽管铜仁府地区从明至清有了相当的发展，但梵净山一带似乎至道光年间还是"人迹罕至"。

（三）清末民国战乱沉寂

清王朝在贵州进行"改土归流"之时，就强迫各族人民接受"缴军械""立保甲""编户口""征钱粮""定规约""设重兵""修城垣""安塘汛"等压迫、剥削措施，以此来加强对各族人民的统治。时至清朝统治的后期，政府更加腐败，官吏横征暴敛，民不聊生。要说清朝后期梵净山地区农民的反抗斗争，前有乾嘉年间松桃苗族英雄石柳邓的起义，后有咸同年间红号军的斗争。要说对梵净山佛寺破坏最甚者，就要数光绪年间刘满的暴乱与官兵的围剿。此段历史被记载于梵净山《茶殿碑》中。

梵净山《茶殿碑》是清代重要的碑记。通读碑文，除盛赞灵山、描述风光和有关李皇后等传说之辞外，此碑最重要的一点是将咸同年间红号军和光绪年间的刘满起义危及梵净山佛寺的两次战争清楚翔实地记录下来，它无疑是一篇难得的史料。

民国时期，梵净山一带战事不断。民国十七年（1928年），贵州军阀混战。国民革命军第43军军长李燊（字晓炎）率部从鄂川边境进入贵州黔东一带布防，准备回黔攻打周西成。国民革命军第25军军长兼贵州省省长周西成令25军前敌总指挥王家烈率侯小白师六个团阻击，双方部队在四川秀山（今属重庆市）及贵州松桃、铜仁、沿河、思南、印江、石阡、江口等梵净山沿山一带激战，历时一个多月。双方死伤惨重，百姓受害极深。

继承梵净山地区的反抗传统，民国时期这里曾爆发一场农民的反抗斗争。民国三十一年到三十二年（1942—1943 年）秋，贵州黔东一带爆发了以苗、侗、汉族为主的农民武装暴动，波及湘黔边界的松桃、江口、印江等梵净山周围二十个县市，参加者多达数万人，其中大小头目二百多人，攻陷县城五座，史称"黔东事变"。其领导人是江口县怒溪镇张家坡的严道修。

自清末至民国的百年间爆发在梵净山的这些战事，对这一地区的经济、社会发展都有一定影响。

梵净山自古以来为黔之名山、佛教圣地，素有"名岳之宗"之称，在中国佛教文化历史上享有盛名。佛教文化为莽莽苍苍的梵净山染上了一层肃穆神奇的色彩。每逢宗教节日，远近的香客络绎不绝、虔诚之至地前往梵净山朝山拜佛，其宗教文化影响深远。

梵净山的开发与佛教在黔东地区的发展史紧密相关。随着佛教在梵净山周围地区的流传，佛教活动也由梵净山边缘向内纵深发展。梵净山佛教活动大体始于唐朝，历经宋朝，盛行于明朝。由于明清两朝宗教活动盛行，在梵净山营建的寺庙众多，计四大皇寺四十八座脚庵，后经几朝几代修修毁毁，特别是民国年间兵燹马乱、战祸连绵，现在留下的大部分是废墟遗址。

梵净山历史上的宗教寺庙，虽然历经沧桑，受到数次毁坏，但保护梵净山森林早已为古人所重视。正如清朝铜仁知府敬文在《梵净山禁树碑记》中写道："草木者山川之精华，山川者一郡之气脉。"提出对梵净山森林要"永以为禁"，禁止"积薪烧炭"。保护梵净山森林是地方封建官吏"守土者"的职责。因此，梵净山森林保留至今，也应归功于古代人们的保护。

本世纪初，国内外一些学者开始注意到梵净山的科学研究价值，30~

60 年代，一些学者和单位先后在梵净山不同程度地开展了不少学科的调查研究工作，为保护区的建立和科研工作，提供了宝贵的参考资料。梵净山自然保护区成立后，系统、深入地调查研究了梵净山自然"本底"，并且在科学研究、国内外学术交流方面取得了可喜的进展和成果。

1978 年梵净山自然保护区根据"黔通字〔1978〕133 号"文件批准建立；1986 年经国务院以"国发〔1986〕75 号"文件批准为首批国家级自然保护区之一；1987 年元月，成为中国第二批唯一被联合国教科文组织列入国际"人与生物圈"保护区网络成员，成为中国第四个加入该网络的保护区。至此，梵净山开始向世界展示它迷人的风姿。1989 年，贵州省人民政府以"黔府通〔1989〕13 号"文件正式将原"贵州省铜仁地区梵净山自然保护区"更名为"贵州梵净山国家级自然保护区"，并明确了由贵州省林业厅和原铜仁地区行署（今铜仁市）共同领导，保护区的基本建设、业务、科研经费、物资设备以及人员经费由省林业厅纳入计划并组织实施，保护区的行政和党群工作由原铜仁地区行署（今铜仁市）直接领导，理顺了管理体制。

1981 年，在上级主管部门的领导下，梵净山管理处协调周边三县划定了梵净山自然保护区的范围和边界。1990 年完成了保护区国有林林权、范围、边界、面积核查工作，并经贵州省人民政府委托铜仁地区行署于 1991 年对梵净山国家级自然保护区管理处颁发了国有林林权证，对保护区进行了功能分区，开展保护、科研、科普和发展工作。

四、生态旅游资源

（一）生态旅游资源评价

按照国家标准 GB/T18005—1999《中国森林公园风景资源质量等级评定》对区内旅游资源进行分类得到以下列表：

梵净山自然保护区科学实验区旅游资源分类表

景系	景类	景　型	单　体
自然资源景系	地文景观类	山地景区	金顶、蘑菇石、万卷书、金刀峡、老鹰岩、翻天印
		地表岩溶	
		岩溶洞	逍遥洞、九皇洞
		丹霞地貌	
		奇特与象形山石	一天门、薄刀岭、神龟石、紫袍玉带石、天画石、太子石
	水文景观类	风景河段	黑湾河、太平河
		泉	
		漂流河段	
		水库	
		瀑布	黑湾河瀑布群
		池塘	九龙池
	生物主气象景观类	风景林	梵净山原始森林
		古树名木珍稀树种	珙桐、冷杉王、贵州紫薇、高山杜鹃
		气象	红云金顶、云海佛光、日出、冰雪、雾海
		观赏花木	珙桐、杜鹃……
人文旅游资源景系	历史遗产景观类	人类文化遗址	
		官署建筑遗址古镇	护国营署遗址
		古战场遗址	
		宗教寺庙	释迦殿、弥勒殿、镇国寺、承恩寺、观音阁、白云寺遗址、护国寺、九龙寺遗址
		古建筑	

景系	景类	景 型	单 体
		古墓	
		摩崖石刻	院道、摩崖、剪刀峡摩崖、禁偷铁瓦摩崖
		碑	敕赐碑、禁砍山林碑、天庆寺界碑、天桥功德下茶殿碑
		古塔	
		文物	
		古井	
		名人故居	
		革命历史纪念	
	现代人文吸引景观类	水工建筑	
		民族村寨	
		公园	
		休闲避暑胜地	黑湾河避暑地
		产业旅游地	
		文物展览	
		市场及购物中心	梵净山茶园
		土特产	土特产绿茶、珍珠花生、苦丁茶、桐油、佛茶
		工艺品	梵净山石雕、紫袍玉带石、竹制品、奇石
	抽象人文吸引景观类	民间传说	九皇洞、叫化石、金刀峡、太子石
		民间歌舞、文艺、习俗	印江长号唢呐、花灯、龙灯、狮子灯、四面鼓
		特色民俗及特技	
		少数民族文化	苗族、土家族
		特色饮食及食品	

景系	景类	景　型	单　体
	旅游 服务 类	旅游住宿设施	
		旅游餐饮	农家餐厅
		旅行社	金桥旅行社、青年旅行社、锦江旅行社
		旅游管理机构	江口县旅游局、印江县旅游局
		旅游交通	

（二）旅游资源分布

梵净山生态旅游区的旅游资源空间分布主要集中在黑湾河口—鱼坳—茴香坪—金顶—护国寺—张家坝一线，其它散布于旅游区的边缘。它是贵州东部旅游的重点，具有龙头地位，其核心为梵净山金顶景区。周边旅游资源有太平河风景区、寨英古镇，其辐射区为：按旅游线路分东至铜仁市（十里锦江九龙洞）、松桃县至大兴机场（铁路、公路）至全国各地，东南至凤凰及张家界国家森林公园，西至石阡温泉风景区和镇远舞阳河风景区，西北出印江、思南、沿河三县入乌江山峡景区直至长江。

（三）自然景观特征

1. 山岳风光

梵净山是武陵山脉主峰，素有"武陵源之源"之称，它具有早于鄂西神农架的古老地质结构，保持着第四纪以来山岳冰川活动所雕琢成的峰峡地貌和奇伟景观，自古有"黔中之胜地""众名岳之宗"的美称。梵净山以海拔2572米的凤凰山为最高峰，新老金顶分别为2336.3米、2493.8米，有九条山脉，九条主要河流、九十九条溪流纵横交错，山势雄伟。新金顶高约90米，巍然屹立于群山之巅，前代方志称它"突兀陡绝，其高千仞"，中部一条裂缝，名金刀峡，分金顶为二，上有天桥相连，左为释迦殿，右为弥勒殿。登上金顶，极目四望，百里风光，尽收眼底，九脉八流，历历可数，确有"群峰发脉，名水朝宗"之气势。此外，万卷书的雄伟、蘑菇石的奇特、老鹰岩的栩栩如生，老金顶千姿百态的角峰群、百丈深谷中的太子石等，无不各具风采。

2. 水域风光

莽莽林海的梵净山，是黑湾河、太平河、马槽河、金厂河、牛尾河等河流的天然蓄水库，在众多河流中，犹以太平河、黑湾河最为迷人。黑湾河沟深谷幽，险滩跌水，飞瀑悬挂，层层瀑布飞溅而下，似珍珠浮面，粒粒晶莹剔透，壮观迷人。太平河两岸秀色风光一览无余，河中流水潺潺，清澈见底，当顺河漂流而下，碧水泛舟，游鱼可数，来回穿梭，与人为伴，使人恍然置身于水晶宫底的童话世界。

3. 天象景观

（1）佛光：是梵净山自然景观中的一大奇观。神秘的佛光又称宝光，相传只有佛门弟子修炼成正果之后才能见到。当人们在清晨或傍晚登上日朗风轻，云海平静的山顶，面对弥漫的潮湿云雾，背对太阳光环时，眼前就会出现一个赤、橙、黄、绿、青、蓝、紫的七色光环，自己的身影就会映在巨大的七彩光环之中。

（2）云海：每到春夏之际，水气蒸腾，云雾缭绕，犹如置身于茫茫的大海之中。云层的高度常在海拔 1800—2200 米处，从山顶遥望，白云无边无际，浓密处，如堆积的新絮；稀疏处，像漂洗的轻纱。风起云涌，有如汹涌澎湃的万顷波涛，时隐时现的山峰，似大海中的小岛，当云浪扑面而来时，四周白茫一片，使人飘飘然于九天之上，故前人有"转眼风云相会处，凭空移步作神仙"。

（3）雾涛：云与雾相伴。在梵净山，雾涛的魅力丝毫不逊色于云海。云层常在海拔 1800—2200 米处，雾则飘忽不定，能将整个梵净山笼罩在神秘的气氛中。当其时也，前行，茫茫不知前路；后望，杳杳不见来处，愈发增加了一睹圣山真容的好奇。而一旦雾霭稍稍拨开它神秘的面纱，展示出梵净山迷人的身姿，大自然的神奇与变化能给人更多感慨。

（4）雨雪：梵净山的气候多变，山间尤多雨雪，雨来山笼翠色，雪降遍地银花。雨天的梵净山远望如泼墨，一片苍茫，而近处的花草树木则格外滋润，欣欣向荣之气跃然。雪时的梵净山，一片银色世界，间或勾勒出庙宇、房屋、山峦、树木的轮廓，颇似写意，黑白分明，适人行其中，也似画中人。

（5）日月星辰：择晴时去梵净山看日出月落，星河满天，也是一种乐趣。规划范围周边为保护区核心，没有任何人工构造阻挡视线，是为最佳天象观测地址。每当看到金马来，云蒸霞蔚；玉兔往，清霜满地；摧踩星河，若出其屯。人会与大自然更多一分贴近。

（6）物候景观：梵净山地处中亚热带，许多动植物和非生物都会受气候和外界环境因素的影响而出现随季节变化的现象即物候现象。植物的冬芽萌动、抽叶、开花、结实、落叶；动物的蛰眠、复苏、始鸣、交配、繁育、换毛、迁徙等，均与节候有密切关系。非生物现象，例如始霜、始雪、结冻、解冻等，也属物候现象。尤为突出的是夏末秋初的漫山蝉鸣。

（四）文化特征

1. 宗教寺院——佛教文化

梵净山在明万历以前，已享有盛名。山上现存明万历四十六年（公元 1618 年）《敕赐重建梵净山金顶序》碑文中称："盖自开辟迄今，海内信奉而奔趋，不啻若云而若水；王公大人之钦谒，恒见月盛而日新。久已灵驰于两京、倾动于十三布政、劳旌于抚安、烦顾于道府，诸侯莫不期以魂交黄帝而梦接安期。"足见明万历以前，梵净山已是国内知名度颇高的佛教名山了。据梵净山《茶殿碑》载：明万历年间李皇后修行于此，山顶山脚兴建四大皇寺四十八脚庵，朝山大路上几乎三里一庵、五里一庙，"数百年进香男妇，时往时来，若城市然"，盛极一时。在近现代，现存寺庙香火依然昌盛，国内近如滇川湘鄂，远及江浙闽广，甚者如海外均有香客来朝。

2. 民风民俗——民族文化之象征

苗族土家族婚嫁、宗教习俗、丧葬、禁忌、节日、民居、服装、刺绣等等，都具有各自鲜明的民族特色。

民族文化尤以苗族文化古老、朴实，其中傩文化是苗族信仰文化的核心，它以祈祷、请神、招魂为主要内容，以说唱、戏剧为基本形式。随着历史的演变，苗族人又将形式与内容融合在一起，创造了自己独特的傩文化精品——"傩愿戏"，被专家称为"戏剧活化石"。它古朴深邃，内涵丰富，是苗族文化中的一朵奇葩。与傩戏相联系的还有傩技，傩戏和傩技都是儒、释、道三教合一的文化现象，是一种配合祈祷的群体性祭祖艺术。在傩文化中，傩技与驱邪逐魔和为人解厄除难联系在一起，傩技难度越大，驱邪逐魔和解厄除难的程度越高，功效越大。傩技中，有诸如上刀梯、下油锅、踩红犁、吃玻璃、啃瓷盘等绝技。

江口的金钱杆，又名霸王鞭、赶山鞭、打洋钱、打花棍、打钱杆等，是江口一种独特的民族民间舞蹈表现形式。江口"金钱杆"，常见的是一旦一丑表演，即由两人对舞。因旧社会有"女不出闺"的礼数，旦角一般由男人装扮，常作花灯表演节目。在服饰上，旦角穿大襟便衣，多绣茶花、牡丹等图案，下穿红绿百褶裙，衣短裙长，且裙系在上衣里面；丑角穿对襟衣，镶白色云边，衣袖长于手背，裤为青蓝色，且裤脚口较大，腰间系一带子，有时还插一烟斗。在头饰上，旦角发髻在头顶，后面用披着的长发代替"线尾子"，有的用青丝帕包头将尾拖于脑后，头顶一侧插艳丽花朵；丑角用黑丝帕包头，似一圆帽。面部化妆，旦角多为"素面"粉妆，没有特殊脸谱；丑角则多为简单小花脸谱，鼻梁中画一"凸"形白斑，或在眼圈周围画一白色眼圈，或加黑色花纹，有的也在眼周围画红色眼圈，在嘴周围画一红圈，手法多样，务求滑稽。后来，经民间艺人整理创新，江口"金钱杆"舞蹈逐步发展到单人动作和双人动作数十种。此外还有二旦二丑和多旦多丑等形式，舞蹈动作显得更加丰富多彩和质朴健康，内容更加复杂化，是现代金钱杆舞蹈舞台表演和广场表演的一种主要形式。

　　江口"金钱杆"具有广泛而深厚的群众基础，民间广为流传，县内曾多次举办群众性金钱杆舞蹈表演活动，规模最大的达万人以上。2007年我县具有深厚民族文化底蕴和广泛群众文化基础的民间舞蹈"金钱杆"，被省人民政府批准列入我省第二批省级非物质文化遗产名录。

　　印江的长号唢呐，由土家艺人传承至今，形成独特的民族民间艺术。印江土家人的长号唢呐艺术源远流长，虽无史料可溯起始年代，但据艺人们的师承关系推断，至少可以上溯到明代洪武年间。长号唢呐演奏适用面广。民族做斋、办道场、祭祖、祭土老师、接亲、祝寿、迁居、建房、上梁彩门、朝山、民俗活动、大型农事活动等，都以请有八音师（唢呐演奏者）为荣，以示隆重、热闹和富有。演奏礼仪非常讲究，禁忌较为严格。八音师受请，除丧事外，经过的村寨都要吹奏。每从事一堂吹奏，主家先给八音师挂红，以鞭炮迎送。摆上好的烟、酒、茶、糖果和有象征意义的毛盖茶（形似唢呐口）、笛子肉等佳肴款待。安席时每一轮要给八音师上一道好菜。喜事结束，八音师走到主家门口回头边吹边行礼，向主家道谢。喜事方面，长号唢呐都"吹进不吹出"，表示把福禄寿喜吹进来；丧事时"吹出不吹进"，表示把邪瘟吹走。故有"令牌不乱打，唢呐不乱吹"之说。与龙灯、花灯、狮子灯、马马灯、焰火架、铜铃舞、傩堂戏等民族民间文艺表演配合，烘托气氛，制造声势，这给长号唢呐增添了浓郁的民族特色和乡土气息。

3. 建筑——凝固的文明之音

　　旅游区内拥有土家族、苗族的传统建筑形式和佛教的建筑形式以及其他有特色的建筑形式，多具有旅游开发价值。

第二篇　梵净山大事记

上　古

公元前 22 世纪

　　欢兜是当时地处荆楚广大地域的三苗国王，曾任尧帝司徒，向尧推荐过共工、鲧等大臣，也是尧的亲家、丹朱的岳父，后因不服舜即尧位，举兵反舜，兵败之后被迫躲进崇山峻岭之中。三苗国民除一部分被俘后"窜三苗于三危"之外，其余大多数人也跟着继续西迁，到达武陵山区的崇山峻岭之中。《史记·五帝本纪》载：放欢兜于崇山，以变南蛮。此崇山乃《山海经·北山经》所载的灌题之山，即今贵州省铜仁地区之梵净山，也叫九龙山、灌兜山。《山海经·大荒北经》云：颛顼生欢兜，欢兜生苗民。欢兜在灌题山又生大巴、大罗二支，贵州由此而有八番（八欢）之称。禹帝执政时，禹帝率部征讨三苗。三苗败，与土著蛮族融合，成为"荆蛮族"。

西　周

公元前 11 世纪

周武王伐纣，武陵山区部落首领率蛮众参与武王攻打商都朝歌；周成王时孟君曾率周人军队攻入铜仁境内，濮人向周成王进贡朱砂。

周宣王六年（公元前 822 年）

楚王熊霜之弟熊叔堪，因争立，逃往武陵山区避难。

东　周

周平王三年（公元前 768 年）

贵州境内远古时期的建置疆域，大体归结为：自印江、江口、石阡、铜仁、松桃、玉屏、三穗至榕江一线以东，是楚国西南境黔中地；沿河、德江、思南、道真、正安、务川、凤冈、湄潭、余庆及其以北，是巴国南境；绥阳、桐梓、习水、遵义等地是鳖国国境；乌江以南，盘江以北，从江以西，盘江以东，是牂牁国北境。

周平王十四年（公元前 757 年）

楚国蚡冒（楚厉王）即国君位后，始征武陵地区濮人，开疆拓土。今铜仁境属楚。

周顷王六年至周定王十六年（公元前 613—前 591 年）

楚国开地三千里。今铜仁境属楚国。

周景王十七年（公元前 528 年）

楚平王亲率舟师攻打铜仁境内及武陵山区周边濮人部落。

周赧王九年（公元前 306 年）

秦昭王遣张仪、司马错救苴巴，乘机攻灭蜀国，占领仪城江州。司马错自涪水（乌江）夺取了楚国商于之地，设黔中郡。今江口县属黔中郡。

周赧王十七年（公元前 298 年）

楚顷襄王派遣将军庄蹻，沿沅水而上攻打夜郎。庄蹻军到达且兰，下船登岸，攻克且兰国，夜郎国随着降服。

秦

铜仁、松桃、江口、印江部分地属黔中郡，万山、玉屏属象郡，沿河、德江、思南属巴郡，石阡、印江部分地仍属夜郎国地。

嬴政二十六年（公元前 221 年）

秦王嬴政称始皇帝。尔后派大将常頞略通五尺道，控制乌江水、葛闪、高滩三渡口，继而沿三渡山修路，控制石阡本土。

嬴政二十八年（公元前 219 年）

分原楚黔东地置黔东郡，辖及今铜仁地区东北大部。西南部（今石阡一带）属象郡。西北角（今德江、沿河一带）属巴郡。随之，秦王朝遣常頞略通五尺道，在原夜郎地区设县置吏，于象郡所属的今石阡县境置夜郎县，设治于石阡西境河坝场一带。

汉

汉初，西南各国（部族或部族联盟）不服于汉（含巴郡），称为西南夷，与汉隔绝七十余年。

西 汉

高帝五年（前 202 年）

改黔中郡为武陵郡，境内松桃、铜仁、万山、玉屏、江口属武陵郡，隶荆州；沿河、德江、思南属酉阳县，隶荆州武陵郡；石阡西南部属牂牁郡。

武帝建元六年（前 130 年）

汉武帝派遣唐蒙出使夜郎，设置犍为郡。石阡、思南部分地区属犍为郡，石阡地还分属且兰国和夜郎国地。

东 汉

光武帝建武二十三年（47 年）

精夫、相单程等攻打郡县，汉朝廷遣武威将军刘尚征发南郡、长沙、武陵兵万余人，乘船溯沅水进入武溪（今镇远、三穗、岑巩、玉屏一带）作战，尚军败灭。

和帝永元十二年（100 年）

六月，镇远、三穗、岑巩、玉屏一带大水，和帝诏赐被水灾尤贫者，每人谷三斛。

顺帝永和二年（137 年）

武陵西南境（今思南、印江一带）水灾，民众被增赋税，揭竿而起，杀死乡吏。翌年春，太守李进率兵镇压，随即精选良吏绥抚，得以调和。

顺帝永和三年（138 年）

印江民众万人围攻充县，太守李进率兵讨平。事后汉朝廷精选能力和素质较强的官员到充县安抚和管理百姓，事态得以调和。

桓帝永兴元年（153 年）

武陵太守应奉在武陵地区兴办学校，推行好的风俗，改变当地的陋规陋俗，政称"变俗"。

桓帝延熹五年（162 年）

武陵郡蛮众起兵进攻江陵，占据荆州大部。汉廷派车骑将军冯绲率官兵大破武陵蛮。

桓帝延熹六年（163 年）

牂牁尹珍为荆州刺史。（尹珍字道真，毋敛县人，精通五经、图纬之学，重教授。）自尹珍始于境传经学。今印江建有尹公祠，故址在印江民族中学。

分巴郡为"三巴"，垫江以上为巴西郡，涪陵郡东接巴东、南接武陵、西接牂牁、北接巴郡，郡治涪陵县，汉复五县，包括今重庆所属彭水、武陵、石柱、黔江、酉阳及贵州思南、务川、沿河、德江、印江等地。

献帝建安六年（201 年）

谢本以涪陵广大，益州牧刘璋分涪陵县地置巴东属国，治涪陵县，南境地新置丹兴、汉葭、永宁三县，永宁县辖今凤冈、务川、德江、沿河、印江、思南等地，属武陵郡。

三 国

三国，先为蜀，后属吴，境内松桃、江口、铜仁、万山属辰阳县，玉屏属无阳县。

蜀汉昭烈帝章武元年（221年）

改巴东属国，分置涪陵郡。改永宁县为万宁县（辖今德江、思南、务川和沿河、印江大部），属涪陵郡。同时分涪陵县南境于沿河境置汉复县。

蜀汉昭烈帝章武二年（222年）

刘备东征东吴，派遣马良进入武陵一带招纳五溪少数民族，这些少数民族头领们都满意地接受蜀汉的印信封号。后来刘备兵败于夷陵，马良也遇害身亡。武陵郡复属吴。

吴大帝黄武二年（223年）

是年　武陵蛮夷反吴，吴大帝孙权令黄盖为武陵太守。

是年　于涪陵西北置汉平县，涪陵郡治改设丹兴县，领涪陵、汉葭、汉复、万宁、汉平五县。

吴大帝黄武四年（225年）

是年　三国时涪陵郡仍辖及沿河、务川、德江等地；武陵郡当时属吴，贵州东部边缘仍在此郡镡城、无阳、辰阳、酉阳诸县地内。

是年　蜀汉涪陵郡涪陵、汉复、万宁等县辖及境内沿河、德江、思南及务川等地；武陵郡属吴，铜仁境铜仁、松桃、江口、印江、万山、玉屏属武陵郡之镡城、无阳、辰阳、酉阳诸县。

吴大帝黄龙二年 (230 年)

十二月　武陵五溪少数民族起事反吴。

吴大帝黄龙三年 (231 年)

是年　孙权派遣潘濬及交州刺史吕岱征讨五溪蛮，从此之后，五溪蛮势力一蹶不振。

是年　蜀亡，吴惧武陵五溪夷反，以钟离牧领武陵太守。魏则以郭纯试守武陵太守，并率涪陵民攻迁陵县，诱致诸夷邑君起应。钟离牧率军行 1000 千米，斩恶民怀异心者魁帅百余人及其支党凡千余级，郭纯退走，五溪暂宁。

吴乌程侯元兴元年 (264 年)

武陵蛮众叛吴投魏。

晋

西 晋

武帝泰始二年至七年 (266—271 年)

涪陵郡撤销丹兴县，移治汉复县。领汉复 (沿河境)、汉葭、汉平、涪陵、万宁 (思南、德江一带) 五县。

武帝咸宁三年 (277 年)

五溪蛮夷渠帅统率种人部落附晋。

武帝太康元年（280 年）

晋诏益州刺史王浚等伐吴，军李毅由涪陵入取武陵。

怀帝永嘉六年（312 年）

武陵郡各部落民众反晋，被南平太守所派应詹征服。应詹与各部落首领"铜券"结盟，后来天下大乱，独武陵全境得以保全。

憨帝建兴二年（314 年）

涪陵郡改隶益州，领汉复、涪陵、汉葭、汉平、万宁五县。

东　晋

成帝咸和四年（329 年）

晋荆州刺史陶侃由江陵移驻巴陵，遣张诞讨五溪夷，取胜。

孝武帝太元十二年（387 年）

晋以新宁王司马遵为武陵王。

安帝隆安三年（399 年）

史学家黄闵游梵净山，撰有《武陵记》，描写梵净山剪刀峡、万卷书是"岩中有书数千卷，人见而不可取"。

安帝义熙十一年（415 年）

武陵各部与郭亮之于武陵山中结屯聚集，晋太尉刘裕派参军沈林子将其击溃。

南北朝

宋

文帝元嘉三年（426 年）

宋文帝以谢述为武陵太守。

文帝元嘉十三年（436 年）

宋文帝封皇子刘俊为武陵王。

孝武帝孝建元年（454 年）

六月　刘俊分荆、湘、江、豫州地置郢州，武陵郡属之，罢南蛮校尉。以王僧虔为武陵太守，张欣泰为武陵内史。

明帝泰始六年（470 年）

明帝立第九子刘赞为武陵王。

明帝泰豫元年（472 年）

是年　宋以张澹为武陵太守。

是年　沈攸之为荆都，攸之怀异志，以讨蛮为名，大肆招兵聚勇，苛捐重赋，盘剥民众，又断五溪食盐，五溪民族被迫起义。

后废帝元徽二年（474 年）

宋荆州刺史沈攸之向武陵土著征缴赎罪"赕钱"等重赋，又禁五溪捕鱼和输进食盐，为此群蛮怨叛。时酉溪蛮王田头拟死，弟娄侯篡位，头拟子田都逃入僚中，于是群蛮大乱而至武陵城下。武陵内史萧嶷遣军击灭娄侯，立田都，蛮众乃安。

齐

高帝建元二年（480 年）

南齐高帝立子萧烨为武陵王。

武帝永明元年（483 年）

武陵蛮夷向宗头等与黔阳蛮田豆渠反，为南齐巴东太守王图南讨平。

梁

武帝天监十年（511 年）

武陵郡隶沅州；涪陵郡隶楚州。

武帝天监十三年（514 年）

梁武帝立皇子萧纪为武陵王。

武帝太清元年（547 年）

梁湘东王萧绎（即后世祖元帝）以武陵郡置武州，领武陵、南阳、夜郎三郡。此夜郎郡在辰阳，即今湖南辰溪及贵州铜仁石阡一带，系因不能控制夜郎郡而侨置。

梁武帝间（503—548 年）

境西南置建昌县。

萧梁间(503—557年)

东境分属武州南阳郡。

陈

武帝永定二年 (558年)

将军王操将兵略取长沙、武陵、南平等郡。

文帝天嘉元年 (560年)

八月　北周遣大将军贺若敦率骑、步兵万余攻武陵，武陵刺史吴明彻孤弱难敌，引军还巴州。

文帝天嘉五年 (564年)

涪陵土著首领田思鹤附北周，北周于其地置奉州，寻改称黔州，辖及今铜仁地区沿河、德江、思南。

文帝天嘉六年 (565年)

陈文帝封皇子柏礼为武陵王。

文帝天康元年 (566年)

信州蛮冉令贤据巴峡反，连接各民族1000余千米，印江板溪、天堂、木黄一带土民遥相呼应。

北　周

北周武帝诏令将前征江南武陵、南平等郡时庶民被掠为奴婢者，悉放免为民。

宣政元年（578 年）

信州总管龙门公裕，招慰生僚王元、多质等归国，乃置费州，以水为名。辖及今沿河、德江和思南、凤冈、务川、印江、松桃、秀山、酉阳的部分。

武帝建德三年（574 年）

废奉州置黔州，不带郡。统县二，王宇文述户一千四百六十。

隋

东部置静人县，后入辰溪县，辖境内铜仁、江口、石阡、玉屏、万山等地，隶辰州沅陵郡。

文帝开皇元年（581 年）

废南阳郡，置寿州，治所今石阡。

黔安蛮反，隋命尔朱敞出兵讨平。师旋，拜金州总管。

文帝开皇二年（582 年）

田宗显为黔中太守。（田宗显，世族居陕西蓝田县滥泥村，时任陕西河州军民千户，隋文帝招使迁黔州，为今境旧思州、思南田氏之始祖）

文帝开皇五年（585 年）

费州地置涪川县，隶于黔州，治所疑在今印江河甲山寨至小溪之间，因印江河古名上费溪。

文帝开皇九年（589 年）

隋统一全国，重新调整行政区划。文帝时地方行政区统一为州、县两级，炀帝时改州为郡。与今铜仁地区有关的主要有沅陵、黔安、巴东三郡。沅陵郡辖及今铜仁、江口、万山等地。黔安郡辖及今沿河、思南等地。巴东郡辖及德江、沿河等地。

改沅陵郡置辰州。

废故夜郎郡置静人县（治所在今铜仁市境），不久废，其地入辰溪县。今铜仁、万山和松桃、江口、玉屏部分地区属辰溪县所辖。

文帝开皇十四年（594 年）

贺娄子干子善柱嗣任黔安太守。

文帝开皇十八年（598 年）

改寿州为充州（在今思南、石阡东、镇远北和铜仁西之间）。此州梁置为南阳郡建昌县，开皇初年废其郡置寿州。炀帝大业初州废，其地入沅陵郡。

文帝开皇十九年（599 年）

招慰生僚置务川县（今沿河、务川一带），治所在今沿河，隶巴东郡。

文帝仁寿四年（604 年）

庸州刺史在西部置扶阳县（今德江县）于扶水之北，隶庸州。境西南相继设有寿州、充州、宁夷县。

炀帝大业初（约605年）

废辰州，复置沅陵郡和武陵郡。铜仁、印江局部和松桃大部属武陵郡之武隆县，其地并入辰溪县，隶属沅陵郡。

炀帝大业三年（607年）

改州置郡，改黔州为黔安郡，废庸州。扶阳、涪川县改隶黔安郡。

炀帝大业四年（608年）

黔安夷向思多反，杀将军鹿愿，围太守萧造，周法尚与将军李景分路讨之。法尚击思多于清江，破之，斩首三千级。

炀帝大业七年（611年）

置明阳郡，并以今凤冈附近地置绥阳县隶属。今沿河的后坪隶属此郡。

唐

铜仁地区先后分属思州、费州、黔州、辰州、庸州、义州、宁夷郡、巴东郡、义泉郡、卢阳郡地。

高祖武德元年（618年）

改隋朝黔安郡为黔州。其辖地有今思南、德江、沿河、印江、务川等地。

高祖武德三年（620年）

复置充州，辖及今石阡、江口、印江、岑巩、镇远、施秉等地。

于今印江之朗溪司置思王县，隶属充州。治所在今朗溪镇，始开发思邛山（梵净山）。

置思王，属思州。

在思邛山（梵净山）西麓建思邛县（今印江县前称）。

高祖武德四年（621年）

九月　诏黔州刺史田世康出辰州道，击萧。

务州刺史奏置多田（思南东北）。以土地稍平，垦田盈畛，故以多田为名。

务州刺史奏准置城乐县。山南道大使赵郡王孝恭招慰生僚，始筑城，人歌舞之，故曰城乐。地在今思南、印江、凤冈、务川一带。

涪川治所移蒙笼山（今德江县潮砥镇官宅村）。

时铜仁县、玉屏、万山、江口和松桃部分地属于麻阳县。

是年，招慰使冉安昌以务川当牂牁要路，请置务州。朝廷即以隋巴东郡之务川县置务州，领务川、涪川、扶阳三县。宁夷属思州。

高祖武德七年（624年）

置龙标县，属辰州。今万山、玉屏、江口、印江等部分地属龙标县辖。

太宗贞观元年（627年）

二月　分天下为十道。废思州，以丹阳、城乐、感化、思王、多田五县属务州。

太宗贞观四年（630年）

改务州为思州，共2603户、7.6万人。

唐太宗李世民派兵征服今松桃县境乌罗、平头，始设乌罗、平土洞，贞观六年改乌罗洞为乌罗司。

太宗贞观六年（632 年）

分务州之涪川、扶阳二县置费州，治涪川（今德江县潮砥镇官宅村）。其年，割黔州之万资、相永二县属费州。

太宗贞观八年（634 年）

以多田（今思南东北部、印江东南大部分地区）、城乐（今沿河）二县割入费州。

分辰州龙标县置巫州，同时析龙标县置夜郎、朗溪、思徽三县。今万山、玉屏、江口、铜仁等部分地属夜郎县。

高宗显庆元年（656 年）

建梵净山（思邛山）之天庆寺。

高宗永隆元年（680 年）

田克昌卜筑思州，为田宗显氏族经营思州之始。

武后垂拱二年（686 年）

分辰州麻阳县地并开山洞置锦州。

武后垂拱三年（687 年）

析辰州麻阳县地在今江口县民和镇（古名狗牙）所在地置渭阳县，狗牙、渭阳系一声之转。

武帝天授二年（691 年）

分夜郎县置渭溪县，属沅州。今玉屏、江口属渭溪，万山属夜郎。

中宗时 (705—709 年)

宰相魏元忠流放费州。

玄宗开元四年 (716 年)

开辟梵净山一带生僚地置思邛县，治所在今印江县城郊甲山寨，隶思州。

玄宗开元十二年 (724 年)

七月　溪州酋长覃行璋起义，命监门卫大将军杨思勖为黔中道招讨使，出兵征讨。杨擒覃行璋，斩首三万级。

玄宗开元二十一年 (733 年)

分天下为十五道。设黔中道，治所黔州，辖今铜仁地区全境。

玄宗开元二十五年 (737 年)

改思州之宁夷隶夷州。

玄宗天宝元年 (742 年)

改名卢阳郡（肃宗乾元元年复名锦州）。辖地有今松桃、铜仁、万山等部分地区。

置万安县，治所在今铜仁城西大江之左，隶锦州。

改万安县为常丰县，治所在今铜仁城西大江坪。

锦州向朝廷进贡光明砂。

黔州都领施、夷、播、思、费、珍、溱、商九州。

思州改为宁夷郡，领三县，共 1599 户、1.2 万余人。在京师南 1919.50 千米，至东都 1798 千米。

费州改为涪川郡，领四县，共 429 户、2609 人。在京师南 2350 千米，至东都 2450 千米。

夷州改为义泉郡，领五县，共 1284 户、7013 人。在京师南 2193.5 千米，至东都 1940 千米。

改锦州为卢阳郡，领五县，共 2872 户、1.44 万人。至京师 1750 千米，至东都 1850 千米。移万安县治于郡西南大江坪今铜仁市境内，更名为常丰县。

改黔州为黔中郡，领六县，共 4270 户、2.42 万人。在京师南 1596.5 千米，至东都 1635.5 千米。

玄宗天宝十年（751 年）

授牂柯人赵国珍为黔中都督，屡败南诏兵。

肃宗至德元年（756 年）

升五溪经略使为黔中节度使，领黔中诸郡。

肃宗至德二年（757 年）

李白流放夜郎（今石阡县境内），不久获朝廷赦免而还。

肃宗乾元元年（758 年）

复以黔中郡为黔中都督府，下辖的卢阳郡复名锦州，义泉郡复名夷州，宁夷郡复名思州（领思王、多田、思邛三县，州治务川），涪川郡复名费州（辖地包括今思南、德江、沿河及印江、松桃、秀山、酉阳、务川、凤冈、石阡部分地区）。

代宗宝应元年（762 年）

五月己卯朔，乙酉，襄州刺史长流费州，赐死于蓝田驿。

代宗永泰元年（765 年）

黔中观察使、牂牁人赵国珍入朝觐见，被任命为工部尚书。

代宗大历三年（768 年）

三月 赵国珍卒。

代宗大历五年（770 年）

改业州为奖州。辖及今境玉屏自治县。

代宗大历十二年（777 年）

二月 置黔州经略招讨观察使，领十二州，其中铜仁地区有费州、思州、锦州。郎州刺史李国清任其职。

德宗建中元年（780 年）

五月 右金吾卫大将军李通任黔州刺史、黔中经略招讨观察盐铁使。

德宗建中二年（781 年）

九月 杭州刺史元全柔任黔中经略招讨观察使。

十月 御史大夫严郢贬河中尹，赵惠伯为费州多田尉，寻亦杀之。

德宗建中三年（782 年）

四月 御史大夫严郢因罪贬为费州长史，郢岁余卒于贬所。

德宗贞元三年（787 年）

大历十年（775 年）至是年 先后有给事中、御史中丞源休，河中尹赵惠伯，御史大夫严郢，太仆丞郑方逵被贬黔中各郡降职。

德宗贞元十三年（797年）

十月　黔中观察使奏："溪州人户诉：被前刺史魏从琚于两税外，每年加进朱砂五百千克、水银二百驮。户民疾苦，请停。"朝廷准奏。

德宗贞元十五年（799年）

六月　黔中观察使王础卒于任上，次月洋州刺史韦士宗补其职。

德宗贞元十六年（800年）

四月　黔中观察使韦士宗政令苛刻，牙将傅近等逐之，出奔施州。
五月　复回黔州。次年三月复为三军逐走。

宪宗元和元年（806年）

李藻任费州司户。

宪宗元和三年（808年）

十月　御史大夫窦群任黔中观察使。

宪宗元和四年（809年）

三月　因大旱，黔中等地有掠良民为奴婢者，朝廷明令禁止。

宪宗元和六年（811年）

九月　蜀州刺史崔能任黔中观察使。前任窦群因苛政促使辰、锦二州起义，降为开州刺史。

宪宗元和八年（813年）

黔中观察使逼反辰、锦二州酋长张伯靖等，历经朝廷数年征剿未能平定。至此荆南节度使严绶予以招降。黔中观察使崔能征战中被陷郡邑，贬为永州刺史。

十月 宗正少卿李道古接任黔中观察使。

僖宗咸通十四年（873 年）

南诏攻蜀失利，回攻黔中，经略使秦匡谋出逃荆南被处斩。南诏陷黔中。

昭宗天复三年（903 年）

江南道右黔中采访使王建以王宗本为武泰留后，武泰军旧治黔州，宗本以其地多瘴疠请许徙治涪州，辖黔中思、南、费、溱、夷、播六州。

五 代

前 蜀

永平元年（911 年）

河南游方和尚湛智经湖广、云南来梵净山，访名师翟凤鸣，常以梵净山之中草药为民治病，直到老死山中。

后 唐

庄宗同光三年（925 年）

后唐灭蜀，得黔州等六十四州地。

明宗天成元年（926 年）

七月二十九日 以事后唐主不恭为由，辰州刺史豆卢革贬任费州司户参军。

明宗天成二年（927 年）

四月　再贬豆卢革费州司户，剥夺其军权。

七月　后唐派左金吾将军乌昭远为左卫上将军出使黔州各地。

是年　楚王马殷称帝，称楚国。辖地有今黔东北及黔南部分地区。

明宗天成四年（929 年）

五月　安崇元调任夔州节度使，以黔州留后杨汉宾为黔州节度使。

明宗长兴元年（930 年）

十一月　因西川节度使孟知祥、东川节度使举兵反叛，兵发黔州。黔州节度使杨汉宾弃城逃往忠州。黔州遂入两川治下。

后　晋

高祖天福四年（939 年）

十月　黔南管内之溪州刺史彭世愁带领锦、奖二州兵民万余人攻辰、澧境，乞后蜀支援未允。楚王马希范令静江指挥使刘勍迎战。彭世愁兵败。弃州城，入保山寨。

高祖天福五年（940 年）

三月　刘勍借风以为箭攻彭世愁寨，彭带领军入深山，并派其子师暠带领纳溪、奖、锦三州请降。楚王遂派彭世愁为溪州刺史、刘勍为锦州刺史，并臣服后晋请加封。

高祖天福六年（941 年）

四月　楚王马希范自称汉伏波将军马援后裔，以铜 2500 米制纪功柱立于溪州，并于是月将五溪铜柱图表报后晋王朝以夸功。

高祖天福七年（942 年）

镇州安重义，王重裔与杜重威镇压。后晋论功升王重裔为护圣右厢都指挥使，领费州刺史。

宋

铜仁地区分属思、珍二州。

北　宋

宋太祖建隆二年（961 年）

思王县改朗水司，设土官，自理其政。

太祖乾德元年（963 年）

四月　宋王朝出兵南征，平湖南。今铜仁地区境内有辰、锦、叙等州属地归顺。

是年　思邛县改为邛水县。

太祖乾德三年（965 年）

七月　珍州刺史田景迁内附。

太祖乾德五年（967年）

邛水县在城西五里（今印江甲山）修建三清观、西岩寺。

太宗乾德六年（968年）

懿州归顺。辖地有今铜仁地区部分地区。

湖南节度使马希萼改五溪各州为羁縻州，属荆湖路。思州为五溪地，受羁縻。

改平土洞为平头长官司。

太宗太平兴国元年（976年）

调铁骑指挥使赵廷浦任思州刺史。

太宗兴国二年（977年）

黔州节度使从涪州迁黔州（彭水）置理所，仍辖黔中思、南、费、溱、夷、播六州。

太宗太平兴国四年（979年）

调散都头都虞侯范廷召任费州刺史。

太宗至道三年（997年）

全国分为十五路，思州隶荆湖北路。

真宗大中祥符二年（1009年）

调京官赵维忠任叙州刺史。

真宗天禧七年（1023年）

朝廷以思州为西南各民族纳贡恩赐点。

仁宗庆历八年（1048年）

五溪蛮举兵，荆湖转运使李绚抚平。

仁宗嘉祐八年（1063年）

黔州升为绍庆府，节制五十六羁縻州。其中：思州领二县，费州领二县，黔州校治事。隶四川夔州路。

神宗熙宁五年（1072年）

荆湖北路察坊使章惇在铜仁小江建思堂。后改众思堂，苏轼有《思堂记》。

神宗熙宁七年（1074年）

向永晤与绣、鹤、叙诸州蛮自相仇杀，民众苦之，都想归顺大宋。宋廷派章惇察访，章惇遣左侍禁李资率领少量军队前往招谕，李资被杀。于是，章惇率军攻破懿州，番平南江州峒，遂置沅州，以懿州新城为治所，不久又改诚州。沅州，辖卢阳县；又改原辰州的麻阳、招谕二县属沅州。今铜仁碧江、松桃、江口、玉屏部分地区分属麻阳和卢阳县所管。

神宗元丰二年（1079年）

改牂牁、思、费、夷等州隶湖北夔州二路，为化外州（前邑在宋不宾附，宋又划入路辖的州称化外州）。

哲宗元符三年（1100年）

印江北部置厥册司，隶属思州。

徽宗崇宁四年（1105 年）

三月　牂牁、夜郎首领以地降。

徽宗大观元年（1107 年）

土著首领田佑恭归附并朝贡。

徽宗大观二年（1108 年）

六月　大骆解上下族帅（率）献其地，以涪（川）、夷（宁）地复建珍州。

徽宗政和六年（1116 年）

五溪蛮起义，知枢密院邓洵武带兵镇压。

徽宗政和七年（1117 年）

思州移治原都濡之地，仍名务川县（今务川仡佬族苗族自治县），而旧务川县（今沿河地）则为辖地无名。

徽宗政和八年（1118 年）

建思州，以田佑恭的领地复置思州，命佑恭镇守。领务川、邛水、安夷三县。开创数百年思州田氏之统治。

太祖建隆至徽宗政和（960—1118 年）

皇朝郡国夔州路领夔、黔、达、施、忠、万、开、涪、恭、珍、承、溱、梁山、南平、大宁等州及思、费、西高等化外州。

徽宗宣和元年（1119 年）

诏命思州承宣使田佑恭加贵州防御使。贵州之名首用于建置职官。

徽宗宣和四年（1122 年）

废思州为城及务川县，以务川城为名；邛水、安夷二县皆作堡，并隶黔州。

南　宋

高宗建炎四年（1130 年）

七月　后军将王辟叛，陷归州。调田佑恭将其击败。

十一月　房州酋首郭希再攻归州，田佑恭继而将其击退。

高宗绍兴元年（1131 年）

复置思州，仍由田佑恭任守令。置思州军领务川、思邛江（在镇远东南，为避同名，印江邛水改名思邛江）、邛水、安夷四县。

高宗绍兴二年（1132 年）

复置思州，领务川、安夷、邛水三县。辖境内思南、德江、沿河等地，仍属黔州。

高宗绍兴六年（1136 年）

十二月　诏命辰、沅、靖、澧四州以闲田屯募弓弩手 3500 名。

高宗绍兴二十四年（1154 年）

三月　瑶民起义领袖杨再兴带领十万义军在今石阡县境南龙底江西

岸筑十万屯，垒石为墙，营建屯卡门，据险而守，迤山亘水，纵横十余里，兵反南宋。前军统制李道讨之。

七月　擒斩杨再兴及子正修、正拱。

孝宗乾道九年（1173 年）

夏，思州守令父子起兵互攻。知夔州李浩进行调解得以平息。

孝宗淳熙二年（1175 年）

沅州（当时万山一带属湖北路沅洲）生界伶佬副洞官吴自由子等三人，从黔东湘西贩运丹砂至麻阳等地。

孝宗淳熙八年（1181 年）

诚州刺史杨再思八世孙再西率子政强等开辟省溪、宙逻、铜仁大小江，奏请以长子政强守省溪为洞官。

孝宗淳熙十三年（1186 年）

十二月　思州田氏献纳所买黔州民省地，诏偿其值。

宁宗开禧三年（1186 年）

十月　复珍州、遵义军。

宁宗嘉定六年（1213 年）

八月初二日　知思州田宗范谋作乱，夔州路安抚司遣兵讨平之。

理宗绍定元年（1228 年）

升武太军节度使为绍庆府，府治彭水，领 56 个羁縻州。今铜仁地区西北角隶之。

现宗淳祐十二年（1252 年）

建立印江县甲山寨私塾，为铜仁地区最早的私塾。

理宗宝祐四年（1256 年）

罗氏鬼国遣使报思州、播州，称："蒙古军屯兵大理，欲取道西南。"思、播守者将此情报告朝廷。朝廷诏以银万两，令思、播与罗氏鬼国为援。

理宗宝祐五年（1257 年）

二月　筑思州三隘于偏桥，以御蒙古军。

十一月　宋廷诏京湖帅臣黄平、清浪、平溪分置屯戍。

是年，诏湖广派兵驻平溪，遂开通平溪至湖广驿道。

理宗宝祐六年（1258 年）

四月十八日　诏田应己思州驻扎御前忠胜军副都统制，往播州共筑关隘防御。

理宗开庆元年（1259 年）

七月辛亥　以知播州杨文、知思州田应庚守御勤劳，诏各官一转。

恭帝德祐元年（1275 年）

四月二十二日　加知思州田谨贤、知播州杨邦宪并复州团练使，入卫。

宋末（约 1220—1279 年）

万山一带矿工已掌握以火攻取朱砂、冶炼水银的技术。朱砂纯度达

90%~98%，"皆颗块，佳者为箭镞，结不实者为肺砂，碎散小者称为趚（起），末状则称为药砂。朱砂分上井砂、崖井砂，以万山之崖所产为最，当地民众以火攻取而得。

宋末元初

邛水县（今印江县）境编有《甲山村志》（石刻本）和《仁溪里志》（手抄本），皆毁于民国时期兵灾。此为境内见有文字记载最早的志书纂修。

元

世祖至元十四年（1277 年）

置水特姜长官司于思州附郭，治所在今德江龙泉坪（今遗址尚存）。

置思邛江长官司（印江县前称）。

置大万山苏葛办等处军民长官司，治大万山（今高楼坪侗族乡万山司）；黄道溪野鸡坪等处蛮夷长官司，治茅坡（今玉屏县境，辖今万山特区黄道侗族乡及玉屏、岑巩、镇远的部分地方）；施溪漾头长官司，治漾头（今铜仁市漾头镇、瓦屋乡，辖及今万山特区下溪侗族乡），均隶属思州安抚司。

世祖至元十五年（1278 年）

五月　思州土著首领田景（谨）贤，以地降元，置新军万户府，后改为思州军民安抚司，授田景贤安抚使。司治龙泉坪（今德江县龙泉乡龙泉坪），后司署毁于火，又迁都坪清江城（今岑巩）。

世祖至元十六年（1279 年）

二月　诏令播、思二州贵官将其子送元大都作人质入侍。

世祖至元十七年（1280 年）

三月　思、播二州向朝廷索还镇远、黄平，不允，遂发兵攻占。元将李德辉前往处理，遂平息。

是年　置龙泉坪长官司与水特姜长官司同为思州附郭，治所在今德江龙泉坪。蛮酋张坤元以功授龙泉坪长官司正长官，司所毁于火后移治所于小谷庄（今德江县龙泉乡草栈坝）。水特姜长官司则迁至秀水（今德江县复兴镇）。

是年　置石阡等处军民长官司，设治所在今石阡；置葛彰葛商长官司，设治所在今石阡本庄河坝场。

是年　石阡长官司长官安得勇创建寓所于城东五老山下。明末改为伴云寺。

世祖至元十八年（1281 年）

八月　思州军民安抚司升为思州，司兼管内安抚使。

世祖至元十九年（1282 年）

是年　元军入黔，省溪洞官归附，朝廷封为省溪坝场军民蛮夷长官司，隶思南司。

是年　置提溪等处蛮夷军民长官司。

世祖至元二十年（1283 年）

六月　思、播以南九溪十八洞不臣服元王朝，四川行省参政曲立吉思出兵镇压。分别置州县。于九溪十八洞置民总管府。九溪十八洞均隶顺元路宣慰司节制。

是年　蒙古人孛罗辰领长德辰、沅、澧、靖等州民万户淘金于乌撒。并在思州开采朱砂、水银。

是年　置铜仁大小江等处蛮夷军民长官司，设治所在今铜仁城西。

是年　顺林路（今湖南澧县）至顺元路（今贵阳）驿道开通，设站赤（驿站）于平溪（今玉屏）东关（今馆驿）。为顺林路至顺元路的28站之一。

是年　撤思州司，与播州均属顺元路司。后复置思州司，隶湖广省。辖地在今铜仁、岑巩、思南、德江、凤冈、印江、沿河、松桃、万山等一带。

是年　设野鸡坪蛮夷长官司。

世祖至元二十二年（1285年）

置洋溪公鹅等处军民长官司副司署于今石阡县境公鹅坳。

世祖至元二十七年（1290年）

置平溪等处蛮夷长官司，设治所在今玉屏。

世祖至元二十八年（1291年）

八月　思州军民安抚司所辖的省溪和提溪两司（今印江、江口两县境内）民众反抗贪官和封建主斗争，波及水特姜长官司（今思南县境）。朝廷做了让步没有派兵镇压，而是惩办了贪官和封建主。斗争在本族土官的劝谕下，接受了"招安"。

十一月　提省溪、锦州、铜仁等洞酋长杨秀明等六人向元廷进贡土特产，并觐见皇帝忽必烈，始置提溪、省溪坝场，铜仁大小江等蛮夷军民长官司，初隶都云定云安抚司，后该隶思州宣抚司。

是年，复置思州军民安抚司。

世祖至元二十九年（1292年）

五月　改思州安抚司为思州军民司，隶湖广行省。

是年，增辟沅江水道。自是，船只经铜仁锦江，可达洞庭湖入长江。

成宗大德六年（1302 年）

改乌罗司为乌罗龙干等处长官司，拨龙泉葛泽司归其所辖。同期改平头司为平头著可通达等处长官司。

成宗大德九年（1305 年）

六月三日 葛彰葛商长官司地发生地震，长官司署迁河坝场。

仁宗延祐元年（1314 年）

五月 思州发生饥荒，朝廷命开仓减价售粮，以赈饥民。

泰定帝泰定元年（1324 年）

七月 思州平茶杨大车等起义，思邛司、朗水司土民揭竿响应，官军讨平。废朗水司，置朗溪蛮夷长官司。

顺帝泰定四年（1327 年）

十一月 以思州土官田仁厚为思州使，任景福为隘门巡检司长官。

顺帝至正十一年（1351 年）

思州各长官司土民不堪元廷重赋，纷纷起义反元，称"红巾军"。

顺帝至正十七年（1357 年）

"红巾军"统兵元帅明玉珍进军四川，"平播南、平巴州"，明玉珍在重庆称帝，国号"大夏"。在大夏建立前一年，原思州安抚司所属镇远州，知州田茂安以其地献明玉珍，创立思南道宣慰司。思南道宣慰司的治所在今思南县城，其管辖地有今贵州的思南、德江、印江、沿河、铜仁、江口（省溪、提溪长官司）、万山、松桃、三穗、和重庆市酉阳县及宣慰司附郭，共计十二县地，十七个长官司。

顺帝至正二十二年（1362 年）

镇远知州田茂安分据思南其地，以献伪夏明玉珍，创设思南道都元帅府，设治所在龙泉坪（今德江境内）。思南与思州分治，思南之名始见文献。随后改思南道宣慰司。

顺帝至正二十五年（1365 年）

六月初一　思南道宣慰使田仁智，派遣都事杨琛归降吴王（朱元璋），吴王授田仁智仍为思南道宣慰使，杨琛为思州等处军民使兼新军万户，并敕给三品银印。

七月初九　思州使兼湖广行省左丞田仁厚遣其都事林宪、万户张思温到朝廷献地，朱元璋命改宣抚司为思南镇西等处使司，以仁厚为宣慰使。

七月　原思州军民安抚司辖地较宽，领一府、十四州、一县和五十二个长官司，随着朝代的更迭逐步分开分设，管辖范围逐步缩小。思州宣慰司治水特姜，领水特姜、思印江、蛮夷、沿河、祐溪、朗溪、乌罗、答意、治古、平头著可、铜仁、省溪、提溪、大万山和镇远等十五洞十七长官司。

是年　沿河州从播州改隶湖广行省思南司。

明

太祖洪武元年（1368 年）

四月六日　明朝廷派员赏赐思南宣慰使田仁智。

是年　大万山司境设敖寨苏葛棒坑朱砂场局、大崖土黄坑水银朱砂场局。国内始有官办水银、朱砂场局和专门从事朱砂、水银生产的工人。

太祖洪武二年（1369年）

元月　朗溪十五洞罗、吴、杨、王、石、龙、游、乜、昝九姓苗民起义，思州宣慰司派沱江宣抚使田儒铭率思南土兵2300人前往镇压。

八月　苗民归降。

六月五日　思州宣抚使田仁厚病卒，其子弘示明廷准其袭父职，并贡马及方物，朝廷赐绮、帛、宝钞，此后土司朝贡日增。洪武五年袭职。"二田"（田仁智、田仁厚）归顺后，思南的十七个长官司和思州的二十二个长官司入明版图。

太祖洪武四年（1371年）

是年　思南司由隶湖广行省改隶四川行省。领务川及水特姜、思印江二长官司及沿河州；思州安抚司之镇远府降为州，改隶思南，后又改为直隶湖广，从此思州领四个长官司。

是年　改梵净山区乌罗龙干等处长官司为乌罗长官司。

太祖洪武五年（1372年）

六月十八日　以四川思南府宣慰司水德江等十三长官司及镇远州隶湖广，其五砦长官司隶辰州卫。

是年　改铜人长官司为铜仁长官司（"铜仁"至此定名），同时，改置省溪、提溪、大万山、乌罗思邛江长官司，隶属思南宣慰司。

太祖洪武六年（1373年）

十二月十九日　思南司改思南道宣慰司，隶湖广行省。

是年　于思州地置都坪峨异溪长官司。

是年　天马寺已草创有茅庵，可能是有庙无僧，或者是有僧而无固定的庙产，后宗安和尚来到天马寺驻锡修行，开始创办寺院田产，拓修寺宇，天马寺从此逐步发展成为"铜江梵刹之伟观"。

太祖洪武七年（1374 年）

七月　于石阡地置龙泉坪（今凤冈）长官司，后又再置苗民长官司，均隶思州。

十月二十六日　置思南府地置平头著可及沿河祐溪二长官司，厥栅、郎溪二蛮夷官，本部苗民及蛮夷二长官。

是月　于铜仁地改元代平头著可通达等处长官司为平头著可长官司。

太祖洪武八年（1375 年）

是年　铜仁长官司长官李渊创建川主祠，又名川主庙。

是年　重修印江司城城隍庙，建立任办水银局。

太祖洪武九年（1376 年）

八月二十七日　田仁智入朝贡马等方物，归至九江龙城驿馆病故，上命礼部遣官致祭，并敕有司护柩还乡。

是年　梵净山周围龙塘河、三角岩一带 120 户人家，户户生产经营茶叶，朝廷在龙塘河建有衙门，统购茶叶，运往西北换马，并于此设立关卡，查禁私人买卖茶叶，不许茶叶出境。

太祖洪武十一年（1378 年）

四月十日　思南宣慰司调集各洞弩手 2000 人以备征用。

八月　田儒铭剿平朗溪蛮夷司十五洞苗民。

太祖洪武十四年（1381 年）

五月三十日　五溪蛮诸酋与明廷对抗，江夏侯周德兴出兵驱。

太祖洪武十五年（1382 年）

二月二十一日　明廷增置马驿，其中思州使司增有平溪，思南使司增有梅溪、相见。

十一月　思南人鲁道任国子监助教。为贵州在国子监任职第一人。

太祖洪武十八年（1385 年）

思州诸洞民起兵反明，楚王桢率信国公汤和、江夏侯周德兴发兵镇压。明廷平定思州诸洞后，派兵在诸洞境建立屯堡。

太祖洪武二十年（1387 年）

十二月初四　田大雅入朝贡方物，奉诏定治所于镇远（次年迁之）。

太祖洪武二十二年（1389 年）

于思州平溪堡置平溪卫，隶湖广都司。

太祖洪武二十三年（1390 年）

三月三十日　指挥同知许升率兵 5614 名屯戍平溪（今玉屏），置平溪卫，隶湖广都司。

六月四日　平溪、清浪等十二卫屯田士兵缺乏耕牛，朝廷从沅州、思南、镇远等处调剂 6770 头分发各卫。

是年　朝廷诏令纂修《寰宇通》。

是年　指挥同知许升创建平溪卫石城，周长 4520 米，高 6.67 米，立 5 门，筑进出水涵洞 7 眼。门各有楼，西南面有护城壕。

是年　创建平溪卫署。

太祖洪武二十五年（1392 年）

龙鳌坪岳溪长官司、都坪峨异溪长官司并入黄道溪长官司。址迁武陵坪（今黄道侗族乡平溪寨）。

太祖洪武二十八年（1395 年）

九月十三日　朝廷下诏湖广思南、思州二宣慰使司及所属安抚司、州、县等设立儒学，并立山川社稷诸坛场岁时祭祀。

成祖永乐三年（1405 年）

六月　于今松桃境东部置答意、治古寨二长官司，隶贵州司。

成祖永乐五年（1407 年）

五月四日　设湖广思南、思州二宣慰司儒学。

成祖永乐九年（1411 年）

朝廷广征方物，层层索取上乘特产，朗溪蛮夷长官司地处梵净山脚，常以熊掌、豹皮之类的方物贡之。久而久之，熊掌豹皮均已稀少难寻，土司官又向洞官追逼。地处梵净山腹地的团龙村（明时为鬼冶洞）"以茸茗（绿茶）而献之，上大悦，恩为宠物"，从此成为每年必不可缺的"贡茶"。

成祖永乐十年（1412 年）

思邛江长官司置浸村坊，作为连接朗溪、提溪（今缠溪）、杨溪公鹅等司的贸易中心。

成祖永乐十一年（1413 年）

二月二日　撤思州、思南二宣慰司，以其地分置石阡、思州、新化、黎平、思南、铜仁、镇远、乌罗八府，为贵州设府之始。铜仁、思南、石阡、乌罗、镇远、岑巩、新化、黎平分别为治所。

是年　知府田载创建铜仁知府署；省溪长官司副长官戴贵在江口市盐街创建省溪副长官司署。铜仁、思南、石阡、思州等府在始设之初，职官全设，有知府、同知、通判、推官、经历、照磨、检校、司狱、税科大使以及儒学教授、训导、阴阳学、医科等。

是年　始设思南经铜仁至麻阳和思州经铜仁至乌罗两条驿道。

成祖永乐十二年（1414 年）

三月初二　将思南宣慰司所辖的铜仁、省溪、提溪、大万山四长官并敖寨苏葛棒坑朱砂场局、大崖土黄坑朱砂场局改属铜仁府。

是月　以务川县、水德江、蛮夷、沿河、祐溪、思邛江等长官司，板场、木悠、岩前、任办（今印江农场乡）四坑水银局隶思南府。拨乌罗、平头、答意、治古、朗溪五个司归乌罗府辖。石阡府领石阡、苗民、龙泉坝、葛彰葛商四长官司。

六月十一日　左军都督梁福、中军都福征讨思州时生事扰民，私建尼庵，与尼姑通奸，克粮，勒索地方。监察御史刘恺弹劾，皇太子命等皇上回朝后再上奏追究。

八月十二日　设立思南、思州二府税课司，始置田赋。

十月五日　石阡、乌罗、铜仁及镇远等府设儒学。

是年　蕲州卫指挥金事洪寿领兵 2500 人屯戍平溪。

成祖永乐十三年（1415 年）

六月三十　明朝廷设置铜仁府提溪长官司太平溪金场局，派遣吴邦左到梵净山管理金场局事务。

是年　知府周骥创建铜仁府文庙。

成祖永乐十九年（1421 年）

三月二十四日　思州、铜仁、石阡府设医学、阴阳学。

八月十三日　思南、乌罗二府及普安州设阴阳学。

仁宗洪熙元年（1425 年）

十二月三日　铜仁府知府奏称，新设儒学无房舍，明廷即令工部为之修建校舍。

宣宗宣德四年（1429 年）

九月十五日　乌罗府属治古、答意长官司石各野、龙答哥联合箧子坪长官无毕朗聚众暴动，明王朝命总兵官肖授、都尉使吴荣等带兵镇压。

英宗正统四年（1439 年）

以废乌罗府郎溪司隶思南；乌罗、平头二司隶铜仁。

英宗正统十四年（1449 年）

二月　邛水苗陷思州府。

代宗景泰二年（1451 年）

知府朱鉴始筑铜仁土城。

宪宗成化十二年（1476 年）

乌罗苗人石全州率众起义，湖广总兵李震及贵州参将彭伦讨平之。

孝宗弘治八年（1495 年）

知县周文伯创建印江县署。

孝宗弘治十四年（1501 年）

知府罗璞始筑思南府城，前树木栅，后筑土墙，因地适之。

孝宗弘治十五年（1502 年）

六月　铜仁城中大火，烧毁房屋 200 余家。

孝宗弘治十八年（1505 年）

六月　大水进入铜仁城，毁坏沿江田土房屋过半。

世宗嘉靖十九年（1540 年）

起故右都御史万镗勘处湖贵苗乱。

世宗嘉靖二十八年（1549 年）

七月　川湖贵总督张岳请会师讨苗。

世宗嘉靖二十九年（1550 年）

三月　乌罗苗龙许保袭执印江知县徐文伯、石阡推官邓本忠。

世宗嘉靖三十年（1551 年）

四月　铜仁苗叛，龙许保、吴黑苗等攻破思州，执知府李允简，中途释之归，允简竟死。

六月　贵州苗平。乃缚苗头龙许保并思州印以献。

是年　夺张岳右都御史官，命以兵部侍郎总督军务。

世宗嘉靖十年（1531 年）

铜仁知县颜阶创建印江文昌阁，时名澄清楼，高五层。

世宗嘉靖十四年（1535 年）

知府魏文相创建铜仁水星阁。

世宗嘉靖十八年（1539 年）

七月　铜仁城内大火，烧毁 400 余家房屋。

世宗嘉靖二十一年（1542 年）

铜镇苗叛，陷石阡府，执推官邓本忠。万镗抚苗竣，班师。

知府李资坤在铜仁东山顶端创建大观楼，又名镇远楼，规制宏敞，甲于黔中。

世宗嘉靖二十二年（1543 年）

知府李资坤改建铜仁旧城为石城，砌以砖石，并向东山北隙地扩展。

世宗嘉靖二十七年（1548 年）

春　铜仁城内火灾，烧毁 400 余舍房屋。

九月　张岳为右都御使，总督湖川贵兵，讨铜镇苗。苗民起义首领龙许保陷印江县。

世宗嘉靖二十八年（1549 年）

知县徐文伯创筑印江县土城，周长 1707 米，高 4 米，厚 1.30 米，立 4 门，各覆以楼，另建串楼 500 余间。

世宗嘉靖三十七年（1558 年）

思南城内中和山创建观音阁。自宋以来，称"华严寺"，为宣慰司祝寿所。大学大器题曰"黔南名刹"。

世宗嘉靖四十年（1561 年）

知府肖立业主持建石阡石城。

神宗万历元年（1573 年）

印江城内上街议民杨再运具诉上司都察院、清抚苗道批准，以梵净山系古迹名山，由印江知县雷学皋颁发《火牌告示帖》招人辟路，起竖庵殿，供人朝拜，并招善士杨洪德、陈普庵主持庙宇。上司道、院将此事刻于新金顶岩石上。

神宗万历九年（1581 年）

知县莫与京重修印江县署。

神宗万历十六年（1588 年）

八月 湖广镇远府板桥屯化主杨洪德募资修建小尖峰至剪刀峡凉水井山路，其中，信善余刚一家捐助最多。修路用工有：雷应德、冯邦成、录应春、王仲海、高应成。

神宗万历二十六年（1598 年）

裁铜仁长官司，改置铜仁县。因土官李永授贪酷殃民，巡抚奏准改土归流。

神宗万历二十七年（1599 年）

敕赐梵净山重建金顶。"敕赐"的缘起，播州杨应龙叛，贵州巡抚郭子章领兵征讨杨应龙，战火蔓延至梵净山，梵净山的寺庙毁坏殆尽。

神宗万历二十八年 （1600 年）

知县陈廷范创建铜仁知县署，明末圮。

神宗万历三十一年 （1603 年）

杨光熙袭省溪长官司正长官，因其在平播中有功，被加授部督属知之职。

神宗万历三十四年 （1606 年）

四月　朝廷命令陈麟率官军万余人攻水砧山山苗，至九月平息。郭子章在水砧山一带实行"赶苗拓业"，招汉民屯垦，以安定社会。

神宗万历三十八年 （1610 年）

刚袭任省溪司长官司正长官职的杨昌绪，因"抚苗功"，受到官府奖励。此后也因抚苗有功屡次获得官府奖励多达十二次。

神宗万历四十年 （1612 年）

四月　贵州按察司金事邓钟率官军进剿三山苗，平定其乱。

神宗万历四十一年 （1613 年）

贵州都御史胡桂芳疏陈："水砧、黄柏山和牛角山等苗，在思南、石阡、铜仁和思州四府之中，诱我捕人，私自援济，其患甚巨，招抚不从，举兵歼之。"兵部复令，允。

神宗万历四十三年 （1615 年）

辰沅兵备参政蔡复一奏准，拨发帑金 4 万有奇，筑沿边土墙，上至铜仁，下至湖南保靖汛地，逶山亘水 150 余千米。

神宗万历四十六年（1618 年）

是年　神宗敕赐重建梵净山金顶，李皇妃承建"敕赐碑"，由户部郎中李芝彦撰《敕赐重建梵净山金顶序》碑文，并定天庆、承恩、天池（护国）、天林等寺为皇寺，和尚为国僧。敕赐碑置于滴水岩下，现列为省级保护文物。

是年　向文浍、邓维梓等人组织修复观音殿。

熹宗天启三年（1623 年）

省溪正长官杨胜德奉命征凯里，四川巡抚钱某逃来贵州，令杨胜德为副将兼镇铜仁全部土民，因保民有功，授总兵，晋升川、黔都同知，管理军务。

熹宗天启五年（1625 年）

右佥都御史提督操江熊明遇，谪戍平溪。于紫气山建鸿雪草堂，讲学育人，一时文风兴盛。

思宗崇祯十五年（1642 年）

著名史学家顾炎武游梵净山、大圣墩。

清

顺治二年、南明隆武元年（1645 年）

是年　李自成去世，其部将袁宗弟、刘本纯主动与南明政权联合，在铜仁一带抗击清军。

是年　修梵净山九龙寺。

顺治八年、南明永历五年（1651 年）

是年春　大西军孙可望据铜仁。

五月　孙可望派洪将军、陈将军率步兵骑兵一万余人，由铜仁出湘西抗清，为北伐做准备。

是年　孙可望遣官丈量思州、石阡、黄平、施秉、江内外屯田，并征收田租。

是年　孙可望受封为秦王。

康熙元年（1651 年）

思南知府王纬平捐银 360 两，两扩梵净山天庆寺。

康熙四年（1665 年）

知府梁懋宸重建铜仁知府署。

康熙八年（1669 年）

知县赵景福重建铜岩跨鳌亭。

承恩寺僧人智修、德果等四方募捐，在金刀峡上修建单孔石拱桥，桥长 5.4 米，宽 2 米。

康熙十一年（1672 年）

知县蒋元捷因旧址重修治堂三间，吏舍六间及仪门、大门、川堂、后楼、粮仓等。

康熙十三年（1674 年）

吴三桂在云南反清，攻占湘、黔时，兵燹江口，省溪司正长官杨秀铭（于是年四月）附。

康熙二十二年（1683 年）

铜仁城中大火，城内室庐焚其大半。

康熙二十六年（1686 年）

当时的"坝梅寺"名叫承恩堂，因恒禅师重建承恩堂。

康熙二十六年（1687 年）

二月 梵净山护国寺（前为天池寺）第七世住持僧海阔圆寂。护国寺和尚法本师经修梵净山天池院，刻竖"海阔慧惺禅师正觉塔铭碑"，记述梵净山佛教起源兴替情况。

康熙二十八年（1689 年）

七月 铜仁城内天火突发，风雷交至，官民房屋顷刻俱尽，得幸者百不获一，甚有全家皆没于火，亦有存亡各半者。巡道公署、行馆、官舍、县治俱焚无遗。

康熙三十四年（1695 年）

铜仁府以十二地支划分集市和场期，设牙行（古代和近场中为买卖双方介绍交易、评定商品质量、价格的居间行商）管市场。府辖城区 1 铺 5 街 9 巷和29 个农村市场。

康熙四十年（1701 年）

重建铜仁东山寺。

康熙四十三年（1704 年）

置正大营厅，治所该营（今铜仁苗王城）。

康熙五十二年（1713 年）

印江知县王孙谋，化稿坪、深溪凹（今印江缠溪水塘村）象姓等 43 户群众募银修建梵净山金顶天桥。

雍正六年（1728 年）

思南府礼部员外郎安修德、印江善士邓维梓、严蟠等修建梵净山金顶观音殿，由印江生员戴法贤撰题《观音殿碑记》刻竖于金顶观音殿门侧。

雍正十一年（1733 年）

松桃厅由长冲移驻蓼皋（今松桃县城），拨银 510.84 余千克，在蓼皋山下创建松桃厅城。

乾隆十年（1745 年）

楚人私挖金砂，与天庆寺发生纠纷，于是由贵州巡抚委托贵阳分府，会同思南知府、思南总兵、朗溪正副土司等各级官员，亲临实地踏勘，再次明确寺院山场的四至界限。

乾隆二十三年（1758 年）

创建滑石营石城。

乾隆三十六年（1771 年）

恢复重建铜仁铜江书院。

乾隆五十年（1785 年）

铜仁知府庄有仪号召江市商、绅、民集资，兴建江口上关码头。

坝梅寺僧人 14 人捐资修建道路，捐资总额 5190 文，修建本山道路。

乾隆五十四年 (1787 年)

松桃河经开凿治理，始通舟楫，商旅、物资经此水道往来于辰溪、常德一带。

乾隆五十五年 (1790 年)

善男信女 16 人捐资修筑金刀峡，16 人共捐资 8 两 6 钱。

乾隆六十年 (1795 年)

二月　清廷命云贵总督福康安督师镇压湘黔边境苗民起义，贵州巡抚冯光熊与提督彭廷栋坐镇铜仁，指挥镇压苗民起义。

嘉庆十年 (1805 年)

坝梅寺松青及十个僧人出钱，重建扩展新庵的墙垣。

道光四年 (1824 年)

梵净山有人毁林烧炭，铜仁知府敬文亲自书《禁树碑文》永示严禁。

道光八年 (1828 年)

二月　松桃县杨芳被道光皇帝钦封为三等果勇侯，赐紫缰、双眼花翎，晋升御前侍卫，后又加封太子太傅。

道光十二年 (1832 年)

梵净山立禁砍山林碑，贵州布政使李文耕、巡抚麟庆分别告示：严禁采伐山林，开窑烧炭，以培风水。

道光十九年（1839 年）

思南府安化县信士张庆贵和夫人简氏，发心修培梵净山险路。

道光二十七年（1847 年）

朝廷命云南督臣铸铜质释迦、弥勒两尊佛像供于梵净山金顶。

道光二十九年（1849 年）

七月三十日　林则徐任云贵总督，赴任途中，宿玉屏行馆，次日起程。

咸丰元年（1851 年）

（省溪）宙逻洞夏昶中恩科进士，后参加红号军。

咸丰二年（1852 年）

六月　铜仁府开店的辰州府沅陵人士彭业贤等，组织捐款，重铸一尊弥勒佛铜像，增铸救苦观音一尊。

咸丰五年（1855 年）

十月　铜仁上五洞（今江口县德旺乡）举人徐廷杰、梅继鼎以反官府苛征率众起义。二人皆府属举人，平日师事毛家寨巫者。毛大仙名正年，诡言尝梦神人称之长眉仙，授毡笔咒，因以或众。三月中以府吏苛征，聚众议粮，至是初二日率众突入府城，毁文武各署。知府葛景莱受伤没（殁），护副将松桃右营游记达冲阿、署知县刘兆垲、典史彭希龄等遁。时刘世美起江口，田宗达、吴灿奎等起印江，遥相应。宗达子瑞龙随廷杰入铜仁。廷杰谓瑞龙前生为蜀汉赵子龙，以愚众；谓大仙子位元为释迦佛，大仙弟士福，为白鹤仙。以红巾蒙首，名红号。

十一月初二　陷松桃厅城，署经历陈镛死之，署同知恩彬、署副将鄂清遁。

十一月初四　陷府北六十里之正大营。署县丞赵世钦、署守备宋兴邦等走，敌旋退。

十一月十三日　陷思南府城。署知府石阡府知府福奎、署游击富珠隆阿、署安化县知县、湄潭知县、吴云煦等遁。府学教授张鸿奎死之。外委姜仲元站没（殁）。

十一月十五日　陷印江县城。代理知县何维炘遁。

十一月十六日　陷石阡府城。署知府黄培杰、署都司黎平守备陈定元等遁。培杰妻曹氏死之。敌凡入城抄掠，凯去之。各城旋复。惟石阡犹为所据。

十一月二十七日　陷玉屏县城，署知县吴曾保等遁。敌分党屡犯湖南凤凰厅及四川秀山县境。

十二月初一日　连陷思州府及青溪县城，知府张翰中、署玉屏知县兼署青溪知县吴曾保等遁。敌旋退，趋犯邛水。署县丞刘侣鹤、署游击杨家瑞出御。千总汪尚陨，自镇远来援，合击败之。敌还思州。

咸丰六年（1856 年）

正月十一日　石阡举人刘庆元等率直桥团图复府城，不利。庆元同生员刘鸣盛、杨应清、思南增生周璜等阵没（殁）。敌出攻直桥，时武生左觐光求援施秉，骂溪团首朱德高十三日夜援至黄第。德高与其弟子败没（殁）。敌益趋直桥，黄培杰、陈定元等在马桑平乘虚袭府。

正月十四日　石阡城复，敌自直桥回，焚附城河街，培杰等固守。

正月十五日　敬烈及余庆县知县彭澜率军至，与培杰等共败敌。福奎、富珠隆阿等又败之邵家桥、仙人江。署龙泉县陈世辘败之桶口、塘头。

正月二十三日　徐廷杰等出城走，死。梅济鼎中炮早死。铜仁府城复，敬烈、培杰等趁胜毁石阡荆竹坪敌营。贼退毛家寨，敬烈、澜等复毁之。

正月十三日　敬烈会图塔纳追敌印江江阳，仁怀营把总唐见龙战没（殁）。毛大仙等祈援茶寨王士秀。

二月　连日思南拔贡萧锡桂击红号余党于龙泉寺板桥驿，败没。毛大仙犯石阡，王敬烈、黄培敬等却之。安化生员汪会川、郝凤仪没于阵。

五月　铜仁五洞民（府西省溪司所辖之司前洞、宙迓洞、瓮帕洞、敖寨洞、六家洞为五洞，府西百余里）复以苛政为词，起应田瑞龙。

五月二十八日　犯江口，败王敬烈、图塔纳等，外委夏宗禹、廖占先及兵勇阵没者四十余人。分党犯茶寨，生员滕怀珠阵没。

六月初一日　王敬烈、图塔纳等御敌铜仁望城坡，败溃。军械尽没。自是不复振，湖南兵勇代守府城。

七月　铜仁红号军据梵净山。恒春禀参王敬烈、图塔纳等办理不善，且以上五洞民梅庆云等呈称，有派捐折粮，纵容兵练淫掠等事，革职逮问。会署贵东道张锁告病，乃以杨书魁署二知府，兼护贵东道，彭澜署铜仁知县。

八月　杨书魁自遵义赴铜仁。

八月初四　遇敌闵家场，击杀武生李杰（即李春芳），带练委员候选从九闫锌，而执书魁去。

九月　掠至松桃茶溪烂泥沟三保营，署同知周夒等却之。湖南辰沅永靖道翟诰禀巡抚骆秉章，略曰："查铜仁教匪虽曰乌合，而五洞土民胥变，喊党蜂起，若不早图，后将滋蔓。前此贼犯晃州，黔省若能出师前后合击，可期尽歼。乃大兵甫即接铜仁彭令禀称招安已有成效，岂料护道杨守先为贼劫，彭令亲入五洞至今未回。铜仁坝盘及松桃后路，均有贼扼守，探亦难深入，铜仁并无一官，所遣黔勇五六百饥饿之夫，无员统领，每假楚军之名，日肆劫掠甚贼。扬言贼至纵火内应，风闻赵子龙日催五洞收获屯粮，趣造军火器械，遍张告示，仍取铜仁为粮台，先与镇筸抗衡，分路犯楚。楚以孤军在彼，外有强寇，内存悍勇，空城一座，代守已久，撤既不能，弃又不可，贼众秋收大举之说，实非虚言。黔省以披靡之余烬，始既因循，继复掣肘，坐视羽毛丰满，前功尽弃，深为寒心。"云云。秉章据咨蒋霨远，霨远仍令王敬烈、图塔纳戴罪自效，同湖南代守铜仁之都司吉隆阿、田宗蕃剿办。

十一月　铜仁红号军分走镇远，与苗众合。湖南及思南、石阡兵练追击于镇远三角阜。施秉稍木溪先后获教首吴灿奎（吴孝祖）、刘世美（刘美美、杨宗保（杨桂芳）、田宗达、毛位元（毛大仙之子）等，镇远、余庆练团获教首田瑞龙（赵子龙）。杨占蚤等解省伏诛。

是月　铜仁征粮之苛，惟府属为甚。其倡乱与附从皆五洞民。三角庄者五洞地也。县属征收教轻，民情颇顺，故五洞变，而三洞未变。三洞自保聚者，为三元屯，至是屯内奸民与五洞通，亦遂为敌据。

十月　湖南复遣军进击铜仁红号。丁忧知县兆琛同吉隆阿、田宗蕃、吴自烈等连破敌清水塘、文笔街，据三元屯，再败敌坝盘。敌还坝盘子，千总周洪印等援至，同败之。吉隆阿、自烈等复败敌松桃东南之铁矿。兆琛等亦败敌路怒溪，于是大小江两隘悉为湘军所扼。敌分略印江田家坝、蒋家坝。副贡吴大奎、生员萧汝成等率练败之。兆琛、吉隆阿、宗蕃等捣三角庄。王敬烈、图塔纳等往会。

十月二十六日　出杨书魁敌中。敌分走思南、石阡。时周夔驻军大平营。

十二月　骆秉章咨蒋霨远略曰："铜仁贼滋事，经楚省派兵越境，带饷从征。克复松、铜之后，驻兵代守，时历数月。嗣因署铜仁府王敬烈等办理失宜，贼党得以乘势勾扇，愚民听其蛊惑，倡乱有辞。遂至五洞倡变，府县被困，楚省当兵单饷匮、力尽筋疲之时，念切临疆，不分畛域，增兵选将，分道趋铜。仰仗国威，叠次获胜，迅解铜厄。犁穴禽渠，剿抚兼施，肃清铜境。即咨请遴选贤员来铜任事。王丞、图协，前此办理不善，官民久存芥蒂。兹复令统带兵练，而所带兵练多系前招无赖游民，到处抢掠，肆行阇忌，各洞近有赴府纳粮者，该练及不肖书役，又诬为贼，平空拘衅，勒诈多端，粮户闻风裹足。且闻王丞复显带练前往，人心惶惶，痞匪乘机扬言追剿。藉词恐吓乡愚，群情惊扰，迁徙避匿，难免激出事端。该丞本系逮问之员，前次经理失宜，致一郡良民激而从贼，经辰沅道等起获贼示，均以该丞等藉口，其不协舆情，已可概见。兹复委带兵练，该革员等不知愧悔图功，妥为办理，勉赎前愆，尚复听练勇、书役扰害黎民，势不驱民为贼不止。设使再酿衅端，激成祸乱，楚军岂能再为越境之举？且为黔计，与其宽一二酿乱之吏，令其播恶于民，致数十万苍生横遭浩劫。"

咸丰七年（1857年）

正月　红号军残部肥坨坨逃回牛渡滩，被拔贡覃方仁捕获，送省伏诛。

七月初八日，铜仁余党进喜老陈（杨成德），结川湘游民及沿河不逞之徒二百余人，走掠寨杉，与团首武生夏开礼寻衅，杀开礼，外委姚承恩驰击亦遇害。

七月十三日　代理铜仁知府周夔等击散之。

十二月二十七日　铜仁红号顺溪陈大春等掠江口，据一碗水，与思南、印江应。铜仁官军出剿失利，周夔祈师翟诰，诰遣教授沈祥馄来援。

咸丰八年（1858年）

正月　周夔奉檄驰办思南，留署铜仁协副将闪云办顺溪余党。

二月　周夔去铜仁，闪云旋以顺溪平告，至是教首李八癞子起，结小江进喜老陈据盘坝，旋家坝教首杨标大五亦走合，由凯马、漏溪（今江口县怒溪镇）径犯府城。守备许占泰及代理铜仁知县王鼎沅会永清等败之，敌退江口小江。而毛大仙余党安毛等亦掠兴隆场，黄培杰遣把总来光斗击之，败没。夔甫至省进军贵定，蒋霨远闻铜仁警，复遣还，往返奔疲，军多道死。

三月　铜仁红号余部走乜江，败于湘军，退入梵净山山谷丛隧，素伏莽，卒不得敌处所。吴守清等屯太平场，千总王占鳌屯江口防乏。

咸丰九年（1859年）

六月初五日　铜仁余党张癞子劫杀团首罗天德等，分掠闵家场。铜仁知府黄楷盛赴汀口，檄省溪土司杨建东以三十人往捕张癞子，被害。敌逼凉亭坡，兵练仓卒走，楷盛御却之。乞援翟诰，诰撤防唐家营七百人往会击，溃于马家场。癞子起事仅百余人，楷盛等不急扑灭，几蔓延，至是仍逸。

七月　李八癞子复窜至安化刀坝场，汗丽金率团练击斩之。

咸丰十一年（1861 年）

五月　铜仁余党包茅仙复起。知府沈丙莹、闪云等调兵团设防。铜仁西南百余里伏魔山，地深邃，为思南、安化、松桃、青溪错壤，自徐廷杰乱后，逸亡者多走。至是，思南白号覃福英，因清军进逼荆竹园，遣其党汪朝清等潜走伏魔山，结茅仙等扇乱牛场坡，号召约三千余人剽掠，于是铜、松、青溪戒严。

六月十四日　伏魔山敌犯鱼龙乡，团众溃走。当包起时，沈丙莹等以府城存兵无多，檄诸汛兵守，以乡团扼隘。团新集，不能战，遽溃。明日，至清水塘，团再溃，径围府城。火北门锄外民房，梯攻城。丙莹等力拒，炮殪教首杨玉洗，会湘援军亦至大兴场，敌始退。场，为湘、黔总隘，当敌起时，辰沅道陆传应，以游击侯文炳、吴永清率千人驰防。敌攻城时，文炳适赴援晃州回，乘敌后，遂退沙坝场。丙莹等以湘军暂驻城外镇压，以铜仁县知县葛寿增、委员萧培基分守，自与游击张正贵等，率兵清水塘、鱼龙乡出敌后，径至伏魔山。敌乌合，结草为营，火之悉溃。救出胁从难民数百，即以其粮资遣。沙坝场敌亦溃怒溪。溪与湘边松桃毗，时传应已亲率兵至大兴场，松桃兵亦至，再败敌怒溪，追至黄岩、骆家屯，擒汪朝清等数十人斩之。教首雷大榜犹据屯守。

七月初十日　沈丙莹等会湘军破骆家屯，擒雷大榜等斩之。包茅仙不知所往。

同治二年（1863 年）

四月　细眉陇余党与松桃包茅仙等走犯铜仁，乡团多溃。

四月二十五日 陷石岘卫城，署守备刘玉芳、卫千总胡万洪等走平头司。署松桃协杨家瑞、署同知刘侣鹤，以都司朱衣率五百人驰赴太平营，复以玉芳及守备刘荣兴率三百兵同往。敌至，玉芳力战死。朱衣、荣兴败退，敌踵至薄城下。湖南把总张我臣出击阵没。会湖南驻防大兴场，游击田宗营闻警援至，敌始解退孟溪。

五月 包茅仙攻孟溪小寨，杨家瑞、刘侣鹤以都司周洪胜、胡万洪出防干串坳，敌至溃还。田宗营遣军援复之，敌走犯宗营，宗营败之。

六月 总兵田连考率军出松桃，将人川从田兴恕。杨家瑞、刘侣鹤等因约同剿。

六月二十二日 进复石岘卫城，湘军参将金太文率军援铜仁，至闵家场，贼来犯，却之。

七月 包茅仙方与田宗营相持，金太文由四十八溪进剿，败敌堡脚，周洪印攻孟溪，太文等攻水月庵，截敌后，敌不支，败窜松铜界观音山。宗营、洪印旋以湘警回。

八月 金太文、刘侣鹤、杨家瑞与思州府知府陈昌运等攻观音山，敌据险不下。会安化王家堡土目吴兴才及苗众白大仍等将聚众为包茅仙援，把总杨朝佐及三元团首李丕基等袭入，斩兴才，白大仍逸。

九月 金太文、陈昌运等攻观音山，游击张贵山阵没。敌势蹙，请降，不许。多走大江，时田连考遣都司石洪会攻，阴允敌降，令入营假官军衣帜潜走。太文等要于道，令献首要出，尽斩之，搜捕余党略尽。包茅仙仍逸。连考评太文冒功专杀。昌运练不满百，多驱乡团从事，而松桃绅民旋禀包茅仙扰松，经费悉就无，事诸汛募捐，汉苗尽室输将，谷继以钱，钱继以米。茅仙众止数百，田勇众至数千，不闻一出，及敌窜走，各村户已十毁八九，田练复以欠粮为辞，按户搜掠，请撤退田勇，以苏民闲。

十月 包茅仙逸铜仁马鞍山，金太文遣李丕基等率团勇千人同都司吴胜金等围攻屡日。敌复凯德渡河走江口，据岑忙，各军追至力击，敌凭高拒，胜金等皆被石伤，没于阵。团练负创力战，敌复由后山上入梵净山，丕基率团众搜捕不获。

同治三年（1864 年）

正月　包茅仙复结荆竹园、大小屯。白号出苗旺塘，窜木桶渡、老金厂。贵东道徐河清以铜仁三元团李丕基等行迹叵测，虑与敌结，茅仙则匿丕家。

六月　湘军围松桃之太平营，包茅仙仍逸。

夏　贼犯湘边，周洪印自黎平回援，镇抚团众，将贼击退，团与贼于是又不通气。周镇知丕基等与茅仙往来情形，遂将丕基等羁之铜仁，革去三元大团，分为九小团，限十日擒献茅仙。久之，不获。因谋毙包小三冒茅仙为自脱计，周镇虑不实，因取铜仁文武印结，于是湘、黔会称茅仙已获。陈昌运继闻不实，密谕各团查拿，丕基等恐茅仙复出，遣间刺之。茅仙觉，立毙刺者。而团与贼从此成仇，益不通气。至四目团，原从三元大团分出，所居与茅仙近，丕基等因重贿四目团刺杀之。川军曾志友军秀山，闻之，许给三千金，令将茅仙送往。四目团遂向三元团增索川营之数。数日风大震，方报闻，仍留尸不解。昌运遣护镇远镇总兵庆瑞往提，不与。周镇许给千金，始得尸及林林等云。

十月　号军入梵净山，殿宇灰烬，片瓦无存。天池堂住持比丘僧性印和徒侄庆相，率领本堂两序僧众，出山募化四方。

是年冬，创竖大殿。

同治四年（1865 年）

正月　包茅仙久匿寨头镇远甘佃目，团首李国仕率众捕之，获包林林等，茅仙创剧死，林林等称茅仙素与三元团首李丕基、雷洲通。前湘军克太平营，茅仙即匿丕家，去秋所擒乃茅仙峪三。于是巡抚张亮基会湖南巡抚委员赴沅州，会审林林等，始具本末上。略曰："窃查铜仁小江自徐廷杰倡乱，即联团防剿。团首增生雷洲、职员李丕基、武举万象春等始立三元团名目。"

同治六年 (1867 年)

秋　茅仙破三元屯，团多被胁。众以小江与茅仙近，姑与合，冀保身家而团与贼从通气。

同治七年 （1868 年）

联团愈宽，良莠混杂，茅仙出掠，莠民随从。于是前镇箪胡道有三元团变之禀，湘省据以入告。团众因怀猜惧，于沿边楚师多不合，以致贼过团境并不出击。湘军屡北，于是有三元团均已从贼之谣。

光绪元年 （1875 年）

三月　太平天国石达开余部刘盛等入据梵净山，知县郑秀峰奉命防剿。

光绪三年 （1877 年）

五月　贵东道易佩绅踏勘梵净山地形，改梵净山为"卓山"。

光绪四年 （1878 年）

以大佛寺、伽龙寺僧所争产业充公，创设"卓山书院"。

光绪五年 （1879 年）

三月　贵州巡抚岑毓英调集官兵开始进剿梵净山太平军余部刘盛部。

七月　岑毓英奏派署松桃直隶同知、补用知府刘廷忠负责用"查明户口，编立保甲和坚壁清野"之法办梵净山义军。

九月　云南提督吴永安援剿梵净山义军，攻破大岩山，刘盛军向朝阳寺、举贤溪一带转移。

光绪六年 （1880 年）

二月二十二日 梵净山义军据点朝阳寺被攻破。

三月七日 贵州巡抚岑毓英调集官兵三千人行梵净山，亲自布置搜缴义军。岑军以三花山廖云鹏为向导，打百余仗，清军遭太平军游击战，仅长滩河一役，官军将领七人毙命。

三月十五日 举贤溪被攻破，首领罗秀战死。

五月 岑毓英鉴于杨满义军在梵净山得以长期坚持的情况，决定在山上分设营汛，留兵驻守。奏请将原附于府城的铜仁府之铜仁县，思南之安化（今德江）县，分别移至于江口和大堡，加强对梵净山的控制。并奏请调整各县经界，减少插花村寨。

五月后 梵净山义军最后据点金顶后洞被攻破，最高首领黑地大杨满（又叫刘满）及所属将士三千余人或战死，或被俘。至此，梵净山义军全军覆灭。

八月二十六日 贵州巡抚岑毓英奏批，定安化县治所由思南移驻大堡（今德江县城）。移省溪司（今江口县）史目驻大万山。从此，万山改称省溪。于光绪九年八月迁徙完毕。

光绪七年 （1881 年）

候补知县欧阳墀在江口街创建铜仁县署。

太平军刘盛等在官军重重包围下，藉梵净山山深林密的地形，隐迹潜踪。岑毓英率领官军反复搜查，一无所获。一面向朝廷谎报肃清，一面在梵净山护国寺设营署，环山设八汛，以示防范。

光绪八年 （1882 年）

岑毓英因梵净山剿办有功，升任云贵总督。岑荐江口廖云鹏以候补知县赴滇供职。慈禧太后题匾"戎马书生"四字赐廖。

矿商杨顺杰等人合资，在司前洞辖苗茂沟（今江口县民和乡）铁石村开采铁矿、炼生铁、炼毛铁。

光绪九年（1883 年）

是年　卓山书院停办，在原址设义学。

是年　铜仁县治所移省溪司江口，铜仁府、县分治。

光绪十七年（1891 年）

知县胡瀛涛将卓山书院与考棚合并，改建江院。

光绪二十二年（1896 年）

隆参和尚重振梵净山佛教，修复茴香坪，新开老金顶、九皇洞各殿。

光绪二十三年（1897 年）

英、美、法矿商在梵净山开采锑矿，印江县署呈报思南府，制止开采。

光绪二十五年（1899 年）

上海黄金声在铜仁创办"华丰公司"，经营梵净山锑矿业，后有湖北史鹤松、熊子巨等先后组织协成、黔兴、福源、中兴等公司继续在此开采。

光绪二十九年（1903 年）

是年　英国生物学家汤姆斯到梵净山考察，给梵净山仰鼻猴命名"金丝猴"。

是年　马寿常在铜仁县双林创建清真寺。

光绪三十二年（1906 年）

矿商黄金生与洋商高楚恒来梵净山采办锑矿，思南知府李大椿令印江县知县贺昌期查办，严禁私人开采，历由印江县公署总办。

光绪三十三年（1907 年）

二月　因英国商瞿鸿史擅住梵净山勘矿，导致护送练军刘和清枪伤平民夏绍娃事件，庞鸿书咨滇督丁振铎，请照会英领事，"外人若再藉游历执照，干预矿事，黔省地方官定行据约驳阻，决不承认"。

是年　贺昌期、陈湘涛在铜仁设"铜仁、松桃、思南、石阡矿务总局"，有梵净山青龙洞、滴水洞、黑湾河等十余处官办采冶锑矿场。从业人员 1000 余人。

光绪三十四年（1908 年）

由礼和洋行组织的协成、黔兴、福源、中兴公司，在梵净山开采锑矿。

宣统三年（1911 年）

德国地理学者李希霍芬对湘西、黔东一带汞矿区作过一般性调查，著有《中国》一书。

英商马尔游梵净山，高价购买金丝猴皮回伦敦，轰动了英生物界，梵净山金丝猴在世界上始享盛名。

中华民国

民国 2 年（1913 年）

11 月 26 日　省行政公署核准将府、州、厅一律改县方案。撤铜仁府，铜仁县沿置，治所从江口撤回铜仁，所遗治所增设江口县。撤石阡府，置石阡县。印江、玉屏两县沿置不变。以省溪司吏目辖地（大万山）置省溪县。

是年　梅子来（今江口县人）在北京清华大学任教，与方敦素组织

"京津全黔维持会"，以《贵州之血腥录》控诉唐继尧、刘显世蹂躏贵州。

民国 4 年（1915 年）

1 月 12 日　撤思南府置思南县，撤松桃厅改置松桃县，改安化县为德江县，撤沿河分治委员辖地置沿河县，四县治所不变。后坪弹压同知辖地置后坪县。

8 月　撤销梵净山护国营署及环山八汛。

民国 5 年（1916 年）

4 月　贵州省督军署财政厅批准"怡生泰""立达"两公司在梵净山黑湾河、青龙洞开采锑矿，后因与"溥利""兴中兴"两集团发生争端，奉命停办。

民国 6 年（1917 年）

4 月　"怡生泰""立达"两公司向省申请注册，取得优先开采梵净山锑矿权证书，即兴工开采。

6 月 21 日　江口县境彻夜大雨，闵孝河、太平河洪水猛涨，淹至县城龙津阁，陀街水深 1 米。城郊彭家洲、石家河坝 500 亩良田冲成沙洲，毁沿江房屋财产难以计算。太平场、老街、平南 125 户民居被淹，冲走48 人，绝 12 户。挂扣冲成沙滩，淹殁 100 余人。

民国 7 年（1918 年）

是年　省溪将城内的初级国民小学迁至西郊牛井，改为省溪县立模范小学。

是年　江口县饥民载道，县绅士煮粥放赈；夏秋，旱虫交相危害，物价飞涨，饥民以草皮树皮为食。

民国 8 年（1919 年）

7 月　松桃、江口、德江、印江等县相继成立学生联合会，开展抵制日货运动；铜仁中学各校师生向贵州学联创办的《贵州学生联合会三日刊》积极投稿，反映铜仁学生运动情况，交流学生运动的经验。

民国 9 年（1920 年）

镇远县万福香人氏梁国臣偷取梵净山铁瓦一块，被人拿获，组织香首者田万兴知道理亏，同意罚梁国臣出钱 1200 文勒石儆戒。次日，沿河张香首又偷铁瓦被拿获，大家准备把他送官府，同来香客请求不要送官，自愿出钱 3500 文，勒石刻碑，免后效尤。

民国 12 年（1923 年）

是年　江口县成立基督教尊道会，修建福音堂，牧师陈世光，有教徒68 人。

民国 13 年（1924 年）

贺龙以建国联军先遣队名义返乡参加北伐，由铜仁经马脚岩、漾头到麻阳。

民国 14 年（1925 年）

贺龙应贵州王天锡之请离开湖南，击溃罗哲卿后进驻铜仁。

民国 15 年（1925 年）

1 月 2 日　时任国民革命军第九军第一师师长贺龙，在铜仁扩军4000 多人，同时招考 200 多名军官生，在原军官教导团的基础上，开办随营军官训练学校，培训排、连、营级基层军官。从中选派 40 名军官进入广州黄埔军校。

是年　铜仁各县区以下实行乡（镇）、闾（25户为闾）、邻（5户为邻）、保甲制。

民国 16 年（1927 年）

是年　贺龙兵驻铜仁，后曾携友秦光远、刘达五攀登梵净山，老红军陈靖将军写的《贺龙携友登梵净山》诗记录此事。

是年　县公署改称县政府，县知事改称县长。

民国 18 年（1929 年）

5月　江口县县长吴铣弃职逃走，官和乡土豪张兰芝趁机入据县城，操控政事。后省政府委以县长。

是年　江口县疟疾流行，仅太平乡寨抱村染病率达90%，全村死绝30户，死亡170人。

民国 19 年（1930 年）

江口县人杨秀涛由法国留学回国，次年在上海美术专业学校任教。

民国 20 年（1931 年）

7月　焦启源、周鹤昌及美国科学家史德蔚到梵净山考察，采集动、植物标本1500号。

是月　铜仁设立国民党第十一党务区特派员办事处，辖铜仁、松桃、江口、省溪四县，特派员陈光裕、喻培年。

民国 21 年（1932 年）

6月17日　铜仁水灾严重，洪水淹没铜岩顶端，寺庙遭毁，淹死尼姑三人。

是年　江口凯德渡口赶场强渡，沉船淹死20人。

民国 22 年（1933 年）

6 月 13 日　铜仁大雨如泼，彻夜不止，至凌晨，两江洪水骤至，洪峰高度前所未见，淹没铜岩顶端，寺庙遭毁，洪水吞噬尼姑三人。中南门、大十字街一人可行舟船。毁沿江民居、田园无以计算。

11 月　黔东独立师向梵净山撤离。特区革命会主席孙秀亮、副主席秦育青率特区保卫队、特区机关和红军伤病员共 200 余人从特区革委驻地白石溪转移过程中，多次遭遇敌人截击，孙秀亮、秦育青等人被俘，先后被害。

民国 23 年（1934 年）

10 月　黔东独立师政委段苏权与师长王光泽率 800 多人奉命留下贵州游击，掩护主力东进。

10 月 29 日　红二、六军团离开南腰界第二日，黔东独立师西进，佯装成红军主力，与"围剿"黔东根据地敌军血战十多天。段苏权和王光泽率部向梵净山转移，在梵净山遭到黔军和民团攻击，激战一天，晚越过梵净山顶峰，向北突围。

民国 24 年（1935 年）

6 月 29 日　铜仁、江口、沿河等县暴雨成灾。江口县尤为严重，毁田 1.27 万亩，死亡 144 人。

10 月初　任弼时、肖克、王震领导的红六军团已于 8 月离开中央苏区西征。随即率主力朝梵净山方向南下。

10 月 24 日　印江县境内任弼时、肖克、王震率领的红六军团主力会师，并在南腰界举行隆重的庆祝会师大会。

11 月　红二、六军团在湖南刘家坪开会，确定"粉粹国民党的围剿，突围转战贵州，在黔东创立新的革命根据地"。贺龙率红三军以南腰界为大本营，积极进行开拓川黔边革命根据地。

是年　辟建铜仁西门飞机场。1949 年后改称人民体育场。

民国 25 年 （1936 年）

1 月　便水战役后，红六军团在肖克、王震等率领下于 9 日上午从石阡进抵江口县城。

1 月 12 日　军团首长肖克、王震率政工委 300 多人，前往省溪司迎接 18 师归来，在磨湾寨前举行了欢迎仪式。在江口期间，肖克、王震曾带领小分队，深入磨湾、凯德、边江等地宣传发动群众。由于国民党军的追击，肖克、王震率部于 13 日撤离县城，向冈孝一带转移，军团部驻小溪，部队继续进行休整，18 日率部队离开县境向印江挺进。

民国 27 年 （1938 年）

6 月　中国植物学家钟补勤到梵净山考察，采得珙桐、紫薇等珍稀植物标本，撰写《贵州森林自然分布概况》一书。

6 月 2 日　贵州省成立梵净山金矿试探工程处，主任陈廷维，拨款 1.14 万元，次年探明：金盏坪、青龙洞、唐家寨锑矿，牛头山、苗汉溪、铁矿坪铁矿，水银山朱砂，罗江、苗田石膏等矿藏。

是年　贵州省政府投资银元 10 万元开办梵净山金厂，矿工 400 人，月产纯金 60 两。

是年　创办铜仁国立第三中学。

民国 28 年 （1939 年）

6 月　为抗战需要，动工兴建思南塘头飞机场，石阡、印江、思南及岑巩共 5.90 万民工投入施工。

民国 29 年（1940 年）

1 月　乐森、罗强武经过复勘，编著《贵州梵净山老金厂金矿地质》，推算储量约 10 万两。

7 月 7 日　江口县在县城龙津阁举行阵亡将士纪念碑奠基典礼，隆重追悼抗日阵亡将士。

民国 30 年（1941 年）

1 月　动工兴建铜仁铜江大桥，又称东门大桥和下南门大桥，历时三年建成通车。

2 月　铜仁、江口、松桃调整行政区域，铜仁凯文、长坪、麻柳溪改拨江口；江口冲蓬溪、太平岭改拨铜仁。

2 月 5 日　撤销省溪县，其辖地分别划入铜仁、玉屏县；撤销后坪县，其辖地分别划入沿河、务川县。

是年　贵州省立江口农业职业学院成立，冯慰农任校长。

民国 31 年（1942 年）

玉（屏）秀（山）公路铜（仁）松（桃）段建成通车，接通四川省秀山县城。

民国 32 年（1943 年）

复置第六行政区，治所铜仁，下辖铜仁、松桃、江口、玉屏、石阡、印江、思南、德江、沿河九县。专署下设二科，分管城镇建设。各县先后相应置建设局、建设科。

民国 32 年（1943 年）

3 月　恢复第六行政区，专员公署仍驻铜仁，辖铜仁、松桃、江口、玉屏、思南、印江、石阡、德江、沿河九县。谢贯一任专员兼保安司令。

是年　铜仁县筹建市政建设计划委员会，拓建城区街道，按甲、乙、丙、丁四种路面进行修建，共改建扩建和新建各种道路22条，改青石板路面为三合土及砂石路面。次年底渐次完工。

是年　江口县在大佛寺建"江声戏院"。

是年　江口县稻苞虫大发生，危害稻田11.01万亩，歉收七五成，损失水稻谷7万余石。

民国 34 年（1944 年）

是年　江口县虫灾危害，3.31万亩稻田无收，审核减赋税粮折款105万元，省救济拨救济款80万元。

民国 35 年（1946 年）

是年　各县成立"国大代表选举指导委员会"，县长任主任。选举（或由上级圈定）结果：铜仁杨白楹、玉屏彭晓浦、沿河田景万、江口杨秀涛、石阡吴河清、思南招万邦等经略为国大代表。

民国 36 年（1947 年）

4月10日　江口县城失火，延烧30户。

9月　闵孝街上失火，数百户民居及100余家商铺化为灰烬。

民国 37 年（1948 年）

4月14日　江口县县长刘永古聘请美籍烤烟专家石仲之到县传授烤烟种植技术，以太平、凯德、铁厂为重点，各修建烤烟房一座。

中华人民共和国

1949 年

11 月 11 日　铜仁、江口县城解放。

11 月 12 日　松桃县城解放。

11 月 16 日　印江、石阡县城解放。

11 月 17 日　思南县城解放。

12 月　中共铜仁地委、铜仁地区专署从玉屏县城迁驻铜仁城。

1950 年

3 月 1 日　中共江口县委员会、县人民政府成立，李明星任书记，孟庆瑗任县长。

3 月 25 日—29 日　召开江口县首届各界代表会议。

6 月　陈士瀛以剿匪指挥部名义，陆续成立区乡剿匪指挥部，扩充实力武装发展到 2570 人，编为 4 个区分队，15 个乡小分队。

7 月　黔东各地土匪聚集梵净山，秉承国民党贵州省主席谷正伦、省保安司令韩文焕的"应变计划"，以梵净山为反共游击基地，将各股匪众整编为"人民自卫队"，彭景仁为总司令，吴汝舟为副司令。

11 月 11 日　中国人民解放军川东区三十一师结合酉阳、铜仁军分区部队组成三个集团部队，进行以梵净山为中心的黔东北第二期会剿，将各股土匪驱入梵净山，实行大包围聚歼。共歼匪 4113 人，毙大队长以下匪首 169 人，俘中队长以下匪首 925 人、匪兵 2903 人，缴获轻机枪 9 挺，长短枪 2359 支，骡马 26 匹。由部队组织临时法庭先后宣判处决匪首 203 人。

1951 年

7 月　铜仁专区行政督察专员公署更名为铜仁地区专员公署，为地区名之始。

是年　江口县创办《江口县报》。

1952 年

3 月　《江口县报》更名为《江口快报》。

1953 年

4 月 1 日　黄先妹被评为西南爱国丰产模范，荣获西南行政委员会奖章、奖金。

是年　江口县农业部推广玉米人工去雄选种和人工辅助授粉。

1954 年

4 月　铜（仁）思（南）公路建成通车，途经江口、印江县城，接通 326 国道，直达遵义。

是年冬，江口县组织沿江村民动工兴建江口镇江防洪大堤，上自镇江，下至金南桥，全长 5.5 千米，高 5 米至 12 米不等，顶宽 4 米。

1956 年

5 月 23 日　白水洞木质倒虹管建成，全长 335 米，灌溉面积 3000 亩。

11 月 23 日　江（口）石（阡）公路建成通车，接通省城贵阳。

是年　水稻三角丛植 3 万亩，占水稻面积的 23.5%，亩产 300 千克，比一般水稻增产 25%。

是年冬　江口县动工兴建曾瓦渠道，建省溪司电站，以自制木质旋转水轮机装 20 千瓦发电机。

是年　改《江口快报》为《县机关报》。

1957 年

6 月 江口县兽医平志相研制的治猪瘟特效药"万宝散",经云南省和贵州省的花溪、锦屏、瓮安、凤冈及铜仁专区各县试用,疗效显著。

9 月 19 日 江口县邮政局发明的三门交换机、蛙声振鸣器小绕线机、记时报次器参加省"红旗比武"受表彰。

是年 江口县推广新式农具 886 部,被评为全国使用新式农具先进县。

是年 江口县机械化耕种面积达到 150 亩,实现铜仁地区零的突破。

是年 始建大兴飞机场,后因连续自然灾害而停工。

是年 曾瓦渠峻工。

1958 年

12 月 《江口县报》因三县合并,停刊。

1959 年

3 月 1 日—3 日 中共铜仁地委赴江口县人民公社组召开"五巧"(巧姑娘、巧青年、巧铁匠、巧木匠、巧篾匠)大会,号召开展"四巧"(巧想、巧干、巧创造、巧安排)技术革新运动。江口公社插秧能手黄宝兰,一天栽秧 2.74 亩,效率较前提高 8 倍多,且质量很好。地委决定在全区掀起技术革新的高潮。

5 月 铜仁东方红饭店建成营业,建筑面积 5790 平方米。设床位350 张。

1961 年

8 月 18 日 经国务院批准,江口、玉屏恢复县级建制。铜仁县、玉屏县、江口县按原行政区划机构建置。

1962 年

11 月 25　江口县过江拦河坝工程开工，次年 4 月 9 日竣工，增灌面积 1678 亩。

1963 年

1 月 19 日　专署发出《关于调整人民公社和恢复区的通知》，将全区原有的 280 个人民公社，调整为 448 个人民公社，同时恢复 65 个区，设区公所，作为县人民政府的派出机关。

4 月　江口团县委书记张玉凤出席中央在北京召开的工作会议。毛泽东主席、周恩来总理接见与会代表。

7 月 8 日—11 日　连续大雨，松江河水位暴涨十余米，淹没松桃县城五分之四，县委大楼水深 1.2 米，居民遭灾数百户。

1964 年

7 月 13 日　江口县坝盘公社女青年章桃仙出席全国第四届妇女代表大会。

是年　江口县农机科研所研究和生产的插秧机在县内推广，并引进脚踏式打谷机、玉米脱粒机，被评为"农业推广先进单位"，获省表彰。

是年　江口县从湖南新晃县引进 12 头种猪带隐性病毒蔓延传染，全县死猪 2 万多头。

是年　根据《贵州省 63 土木建筑施工预算定额》，编制铜仁地区第一部土木建筑预算定额。

1965 年

10 月 22 日　在铜仁、江口、松桃、德江、思南、印江等县试种水稻短秆良种广场矮 3784、珍珠矮 11 号等11 品种成功，均获高产。

1966 年

5月 "文化大革命"开始,建筑业主管部门受到冲击,施工企业生产秩序被打乱。建筑施工承包发包制度被否定,改为"取消甲、乙方,实行一本账"。基本建设财务和生产财务"一锅煮",企业不考核工程成本,实报实销。

6月 各县城及乡村的场期由五天一场一律改为十天一场。其理由是赶场影响集体生产劳动。

12月 场期由十天一场改为七天一场,即逢星期日赶场。

1968 年

4月 江口县革命委员会成立,22日启用贵州省革委会颁发的"江口革命委员会"印章。

11月 全区城乡市场的赶场周期调整为每十天或半月一场。

1969 年

印江县城利用长石板农用抽水站提灌工程,动工增建太阳山蓄水池。

1970 年

9月25日 江口县农机科研所制成一台20型水轮机。

10月 江口县兽医站从吉林省农大畜牧场引进克米洛夫种猪10头,在龙家寨建立良种猪场。

是年 将"江口59型"插秧机改为"江口70型"大苗插秧机。

1971 年

是年秋 松桃县城兴建争锁渡自来水抽水站,居民用上自来水。

1972 年

6月　江口农机科研所研制的"江口72—2型"大小苗插秧机,在福建省龙海县中央一机部召开的"南方水田机械"县城会表演,受到好评。

10月　湘黔铁路建成通车。在玉屏县城和大龙镇分别建客运、货运站,铜仁地区始有铁路运输营运。

10月　江口农机厂成功研制的"双滚筒式"机动打岩机投入使用。

1973 年

是年冬　江口县建太平河洞洞沟自来水抽水站,县城居民用上自来水。

是年　铜仁县政府办公大楼建成,建筑面积3000平方米。政府机关迁新署办公。

1974 年

是年秋　经省建设厅批准,铜仁地区建筑设计室正式成立,成为地区第一家有资质证书的建筑设计单位。

1975 年

3月15日　国家派飞机在江口县内进行飞播造林。

7月　铜仁县建筑公司引进预应力多孔板生产工艺。

是年　地方国营铜仁县卷烟厂迁址铜仁县农药厂,占地面积900平方米,建筑厂房面积2700平方米。

1976 年

3月22日　地革委决定在铜仁城郊文笔峰修建烈士陵园。

5月　成立铜仁地区革命委员会环境保护办公室及工作机构。

8月 铜仁县建筑公司首次引进小梁无筋拱板技术试制并用于楼盖和屋盖，获得成功。

11月 地区医院门诊部大楼基础工程施工时，因地质松软，铜仁地区建筑公司首次采用反拱基础新技术，获得成功。

是年 铜仁地区广播电视局在城西郊文笔峰山建立第一座发射功率为560瓦电视差转台。

1977 年

10月 江口县城关一小被贵州省体委定为足球重点传统学校，受到团中央表彰，并被评为全省体育工作先进单位。

1978 年

6月 铜仁地委向江口、印江、松桃县革委和地直有关部门印发《贵州省梵净山自然保护区区划管理意见》（讨论稿）。此前，贵州省革委批示："根据国家的有关规定，确定梵净山划为自然保护区。该区自然保护区的范围，以及管理办法、管理机构由铜仁地区革委会确定，报省革委备案。"

7月8日 贵州省革命委员会批准建立梵净山自然保护区，管理处设于江口县城。

是年秋 地区环境监测站与遵义医学院、贵州汞矿组成联合调查组，对贵汞冶炼厂排放汞气污染进行测试调查后编写《汞的气型调查与研究》，并对汞气的污染及防治提出建议。

1979 年

1月13日 贵州省梵净山自然保护区正式建立。该区有中国特有、列为国家保护的第一类珍贵树种、贵重药材及180多种中亚热带药用植物；有金丝猴、锦鸡等珍稀动物17种。

5月21日 贵州省动物资源考察工作者在梵净山周围地区发现世界

稀有的中国一类保护动物灰金丝猴、云豹、华南虎，有中国二类保护动物大鲵（娃娃鱼）、红腹角雉、麝、猕猴等13种。

7月1日　中共印江县委、县革委会在木黄举行庆祝中国工农红军第二、第六军团木黄会师纪念碑建成揭幕典礼，纪念碑文为国务院副总理王震题写。

1980 年

4月1日　贵州省人民政府将周逸群烈士铜仁县的故居列为省级文物保护单位。

8月　地区环境监测站与遵义医学院、贵州汞矿组成联合调查组，对锦江丰水期汞污染进行调查，编写出《水体汞污染调查与研究》一书。

1981 年

3月20日　省环境保护局、省环境保护科学学会组织十余个学科的47名科学工作者组成梵净山科学考察团，采集各类标本2383号，样品453件，编写专题报告和综合考察报告18篇，汇编成《梵净山科学考察集》。该报告于1983年获贵州省科学技术二等奖。

4月　铜仁行署批准建立九龙洞风景名胜保护区管理处。

12月　铜仁地区土木建筑工程学会成立，举行首次代表会及首届学术年会。

1982 年

是年春　地区及各县先后成立集体施工队伍站，后改称建筑施工管理站。

6月　贵州地质103队在梵净山猴子洞探查金矿，取样化验含金量为5—9克/吨。

是月　江口县一小足球队在遵义举行的全省儿童足球调赛上获得第

二名。

是年秋 松桃县城建成排洪渠，自县政府经民贸商场入小河，全长270米，宽1.8米，覆盖预制板，下可泄洪，上可人行。

是年冬 动工兴建铜仁河滨公园，1984年春建成开放。

是年 贵州省人民政府将敕赐重建梵净山金顶碑，红二、六军团木黄会师纪念碑，红二、六军团在木黄召开紧急会议会址（水府宫）列为省级重点文物保护单位。

是年 铜仁电视差转台建成使用，覆盖面积270平方千米，人口11万人。

1983 年

2月 江口县、玉屏县、松桃自治县被国家确定为全区改灶节煤试点县。

7月23—26日 全国著名植物学家、生物学学部委员、中国科学院昆明分院院长、中国植物学会副理事长吴征镒教授到梵净山进行科学考察，采集植物标本400余号。

9月30日 贵州省人民政府批准《铜仁城区总体规划》方案。

10月 铜仁地区基本建设委员会与地区环境保护局合并组建铜仁地区城乡建设环境保护局。

12月 梵净山珙桐培育场成功育出珙桐苗，国内18家植物园、林业院校、公园前来采购珙桐树苗4700株、种子105千克。

是年秋 花果山地委办公大楼建成。

1984 年

1月1日—3日 中顾委常委、中国人民解放军军事学院院长肖克到黔东革命老区视察红二、六军团会师地木黄，亲笔挥毫题写"木黄会师"。

1月8日 中共中央总书记胡耀邦到铜仁视察。

是日　贵州省人民政府批准《松桃自治县县城区总体规划》方案。

4月5日　江口县人民政府发布《江口县城镇规划建设暂行办法》，共六大部分十六条。

7月　铜仁市建筑公司采用双向预应力施工新技术，建成云董坡1000吨石砌圆形高位水池。

是月　地、县建筑工程质量监督站先后成立，逐步形成以建、质监站为主的建筑施工质量监督体系。

8月　省人民政府批准铜仁城区范围扩大到六家洞、熊家屯、石家坪、清水塘。

9月　根据贵州省关于整顿建筑企业的精神，对全区建筑施工企业首次进行资质等级审定，并分别发给资质证书。

是月　铜仁地区民族青少年文化宫第一期工程建成使用。

10月1日　周逸群烈士故居纪念馆和黔东革命历史展览馆开馆。徐向前、廖汉生、肖克为纪念馆题写匾额和题词。

是年　联合国巴黎会议批准梵净山自然保护区加入人与生物圈保护网。

是年　行署办公大楼建成。地委、行署机关先后迁新署办公。

是年　太虚洞摩崖被列为省级文物保护单位。

1985 年

2月17日　松桃县法院对"何廷周邀同他人六次非法进入梵净山自然保护区盗猎国家一类珍稀动物，造成两只黔金丝猴伤残和死亡的严重后果"一案，进行公开审判，依法判处何廷周有期徒刑一年。

是年　铜仁县建筑公司在承建铜仁市商贸大楼基础工程施工时，首次采用孔桩基础新技术，获得成功。

6月　美国纽约野生动物协会生物学家马瑞·柏尔博士和哥伦比亚大学人类遗传实验室主任唐·梅尔尼克对黔金丝猴进行生态环境考察。

7月　国家环境科学院吴忠伦教授、贵州农学院朱守海教授对梵净山森林进行考察，汇编《梵净山研究》一书。

9月 国务院公布梵净山为重点森林和野生动物类型自然保护区。

10月13—25日 经中国科学院同意，英国比邱植物园职员拉赛尔、希蒙斯、匪拉尔勒到梵净山考察。

10月24日 贵州省人民政府将印江文昌阁列为省级文物保护单位。

11月2日 贵州省人民政府公布铜仁市观音山莲花寺、江口梵净山禁砍山林碑、三角庄咸同起义遗址、梵净山金顶摩崖、石阡太虚洞、思南县岑头盖咸同起义遗址、印江自治县文昌阁、德江县梅林寺和咸同起义遗址、黔中砥柱石刻、沿河自治县乌江洪峰标记石刻为省级文物保护单位。

11月26日 印江县人民政府发布《印江县城规划管理若干问题的暂行规定》。

12月8日 铜仁地区第一座卫星地面接收站在铜仁城郊文笔峰建成。

1986年

5月3日 贵州省人民政府批准《印江县城总体规划》方案。

7月9日 国务院批准梵净山自然保护区为国家级森林和野生动物类型自然保护区。

8月17日 由中美两国植物学家联合组成的中美梵净山植物学联合考察队，在贵州科学院副院长向应海陪同下，来梵净山进行野外考察，10月22日结束。

是月 荷兰林业专家彼德来梵净山考察，并在铜仁作学术讲座。这是铜仁地区学术团体与外国专家进行的第一次国际学术交流活动。

10月 联合国教科文组织接纳梵净山为世界"人与生物圈"(MAB)保护区网成员。

11月1日 贵州省人民政府批准《江口县城总体规划》方案。

12月13日 国务院批准撤销印江县，建立印江土家族苗族自治县。

1987 年

5 月 1 日　铜仁地区首届梵净山艺术节在铜仁举行仪式。主要内容有：湘、鄂、川、黔边区五地（州）第五届美术界作品展览，文艺演出，梵净山笔会，巫子强个人画展和铜仁地区七人现代书法展览。

7 月 7 日　经国务院批准，贵州铜仁、江口等 13 个县和都匀市列入对外开放的县（市）。

8 月 17 日　参加"1987 年全国高师植物地理学术研究会"的 48 名代表来梵净山考察。

12 月　行署文物保护部门公布自 1979 年全区文物普查以来已知的地面文物约 500 处，其中：省级 26 处、县级 125 处。

1988 年

11 月 3 日　由贵州省宗教协会拨款 19 万元，初动工重建的太平寺大佛殿竣工。新建的大佛殿 3 间 6 列 24 柱，占地面积 864 平方米。新塑大佛 1 尊及十八罗汉，普陀阿难 32 尊，寺内有僧尼 7 人，系北上梵净山的主要客栈，为省级开放寺庙。

1989 年

3 月 6 日　贵州省省长王朝文对 3 月 5 日《贵州日报》第一版刊登的《梵净山保护区告急》一文作批文，责成印江县政法机关查处。

7 月 11 日　梵净山太平寺大雄宝殿重建竣工，验收合格。

是年秋　开展全区乡镇工业污染源调查，编写《铜仁地区乡镇工业污染调查》资料。

1990 年

8 月 3 日　美国内政部布斯博士等组成自然保护区野生动植物监测

组抵铜，对梵净山国家级自然保护区进行为期一周的考察。

11月　铜仁地区烟草专卖局办公大楼建成，高11层，安装外视升降式电梯，为铜仁地区首座安装电梯的最高楼层建筑。

1991年

春节　铜仁市龙井巷综合市场建成营业，建筑面积5700平方米，设有营业柜台500个。

3月　贵州省铜仁傩文化博物馆建于铜仁东山寺内。

7月12日　贵州省人民政府批准《铜仁市总体规划》方案。

7月20日　铜仁市人民政府发布《铜仁城区管理工作暂行规定》，共6章27条。

9月11日　铜仁市开通与全国900余个城市的直拨电话。

是年　江口县地落水库竣工。历时30多年。干渠10.7千米、支渠5条共51.07千米，设计灌溉面积9738亩，实际灌溉面积5830亩。

是年　江口县列入全国100个农村能源综合建设项目县。

1992年

5月　江口县人民政府获贵州省人民政府1991年度粮食生产二等奖。

6月　贵州省著名茶叶专家、高级农艺师牟应书等来梵净山考察分布于梵净山周围1400米以上的高原绿茶的生长条件，发现梵净山"团龙贡茶"的活见证：即茶龄在600年以上的茶王树和奇特的红珍茶以及分布在梵净山滴水岩至叫化洞一线海拔2200米以上的野茶树。

8月22日　应林业部邀请，美国渔和野生动物局副局长理查德·史密斯等10人考察团对梵净山自然保护区进行实地考察。

是月　铜仁市境内无线通信寻呼系统开通。

12月　地区环境监测站实验室通过考核，被评为省和国家优质实验室。

是年　铜仁地区第一个高层框架结构技术运用于中国银行铜仁地区支行综合楼建筑获得成功。

1994 年

7月12日　铜仁锦江大桥破土动工。

8月29日—9月2日　贵州省省长陈士能视察铜津点解锰厂、地区化肥厂、铜仁卷烟厂、梵净山旅游开发区、梵净山自然保护区野生动物救护中心、江口磨湾粮食丰产坝和猕猴桃生产基地等。

1995 年

3月15日　贵州省人民政府批准江口县梵净山太平河风景名胜区和石阡县温泉群风景名胜区为全省第三批省级风景名胜区。

5月18日　著名歌唱家关牧村女士和著名慈善家侯希贵先生到梵净山脚黑湾河参加第二届梵净山国际旅游节活动。

7月1日　铜仁特大暴雨，连续降雨量高达364毫米，城区黑松塘、瓦窑河、西门、客车站、江宗门、中南门、下南门、渔梁滩等处被淹，水深2米至3米。市区淹没面积4平方千米，造成交通、通讯、供电、供水中断，沿江两岸冲毁房屋、田园、财产无以计算，死15人，失踪14人，受伤178人。

9月　铜仁东山重竖"抗日阵亡将士纪念碑"，张爱萍将军为纪念碑题写碑名。

10月26日—11月4日　在北京举行的全国农业博览会上，铜仁地区选评的7个产品获奖。"梵净山翠峰""梵净山翠芽""梵净山贡茶"三个茶叶产品获金奖，"梵净山净芽高级茗茶"获银奖，"梵净山雪峰"茶叶和"油研6号"（油菜）获铜奖。

1996 年

5月21日　经省旅游局检验批准，锦江宾馆晋升为二星级旅游涉外宾馆，成为铜仁地区首家星级宾馆。

6月19日 分别开通铜仁—江口、铜仁—印江、铜仁—思南、铜仁—德江区间长途数字传输电路。

7月1日 铜遵二干光缆铜仁段运行。

是年 江口县人民政府被贵州省人民政府评为1995年度安全生产先进县。

1997 年

2月25日 贵州省建材工业局授予江口县水泥厂"综合经济效益先进企业"称号。

5月28日 在1997贵州投资贸易洽谈暨龙洞堡机场通航庆典活动中，铜仁地区展出的紫袍玉带石、梵净山干花、玉屏箫笛、民族织锦"毛古斯"壁挂等旅游产品受到海内外客商的青睐。

7月20日 铜仁城西鹭鸶岩大桥动工兴建，桥体为钢筋混凝土箱型拱桥，全长172米，其中主跨105米。工程总投资568万元。是月，德江县房产局成立，行政编制9名，事业编制10名。

8月5日 贵州省人民政府住房制度改革领导小组批复铜仁地区1995—1996年出售公有住房成本价分别为铜仁市（含地直）420元/平方米，思南、玉屏、江口县390元/平方米，万山、沿河、松桃、石阡、印江、德江六县380元/平方米。

8月28日 铜仁市、江口县、岑巩县三县人民政府签订联合勘定行政区域界线三县交会点协议书，江口县、石阡县、岑巩县三县人民政府签订联合勘定行政区域界线三县交会点协议书。

1998 年

8月28日—9月4日 首届中国梵净山国际旅游节暨经贸洽谈会在铜仁、江口举行。来自10个省（区、市）、港（已回归）澳台地区及美国、日本、英国、德国、马来西亚、新加坡、瑞典和芬兰等国家的上千名客商与铜仁地区各界进行为期 4 天的交流和洽谈，共签订项目合同 36 个，协议资金 11.4 亿元，引资 10.9 亿元。

9 月 4 日—5 日　中央电视台 1 套、4 套频道陆续播放《永恒的净土——梵净山》电视片。中国国际广播电台《中国之窗》栏目于 7 月连续播出《绿色明珠梵净山》和《为绿色明珠增光添彩》录音报道。

12 月 3 日　贵州省创建社区服务示范街道、福利事业单位达标上等级现场会在铜仁举行。会议命名江口县及铜仁地区社会福利院等为省级福利事业单位。

是月　铜仁城区大十字旧城开发改造工程动工。

是年　梵净山国家级自然保护区管理员杨业勤被纳为贵州省第一批省管专家。

是年　江口县双江镇地税所获贵州省地税系统"文明单位"称号。

是年　中国梵净山碑林第一期建设工程竣工。碑林分别建在黑湾河和印江护国寺，共收集到日本、韩国、新加坡等国和全国各地（包括港、澳、台）书法名家 375 人的作品 430 件。

是年　由省政协铜仁地区工委组织编撰的《贵州旅游文史系列丛书·梵净山卷·武陵仙境》出版发行。

1999 年

5 月 18 日　中国梵净山国际旅游节暨经贸洽谈会在铜仁、江口举行。全区共推出各类招商引资项目 330 个，与 240 多名中外客商签约项目 82 个、总金额 8.6 亿元。

6 月 28 日　贵州省人民政府住房制度改革领导小组批准《铜仁地区住房分配货币化改革方案》和《铜仁市住房分配货币化改革方案》，从 1999 年 7 月 1 日起实施。

7 月 15 日　江口县被中共贵州省、省人民政府、省军区授予省级"双拥模范县"称号。

11 月 16 日　中共中央委员、国家环保总局副局长、地矿部原部长宋瑞祥对梵净山自然保护区旅游环保工作进行考察。

12月18日 受贵州省档案局委托，经铜仁地区档案局组织考核，江口县综合档案馆达到省级二级综合档案馆标准，并当场发证。

12月28日 中央电视台专程来铜仁拍摄的2000年春节特别节目《新春新韵梵净山》进入实录阶段。（2000年春节初二在中央7台播出。）

是年 全区加快旧城改造步伐，新建房屋181万平方米，总投资达2.9亿元，形成区内第一次城市建设高潮。

是年 江口县获"全国村民自治模范县"称号。

2000 年

4月25日 铜仁市民主路商业步行街大十字至小十字改造工程动工。全长300米，宽20米。通街铺花岗石路面，两边栽植圆柱形行道树。街内电力、电讯、广播电视、自来水等管线均以地埋式一次性施工。总投资450万元。

5月12日 江口县一辆农用车满载赶场农民行驶到民和乡平德村大石桥处，不慎翻下3米高的公路坎下，造成12人死亡、14人受伤的特大交通事故。

5月28日—30日 第三届中国梵净山国际旅游节暨经贸洽谈会和2000年全国汽车拉力锦标赛梵净山接力赛于28日9时在铜仁开幕。共有17个俱乐部、45辆赛车、90名运动员参赛，冠亚军均被红河雄风车队夺得。与560多名中外客商签订88个项目，总投资22.42亿元，引资19.9亿元。

7月15日 江口县爆发"7·15事件"，砸毁车辆、堵塞交通，严重扰乱当地正常的社会治安。经地、县认真周密细致地工作，平息事态，恢复当地的社会秩序。

8月29日 全国人大常委会环境资源委员会副主任、委员胡敏视察梵净山旅游资源。

11月　江口县自来水水源工程牛洞岩工程动工，总投资400万元，该工程解决县城2万多人供水。

12月1日　8集儿童电视连续剧《金丝猴王国历险记》在铜仁开机。该剧由中央电视台、贵州省文联、珠江电影公司、中共铜仁地委、铜仁地区行署联合摄制，编剧余未人（贵州省文联副主席）。

12月8日—11日　首届中国梵净山稻香节暨优质米评鉴会在铜仁举行。会议对全区33个稻米产品按规程进行评鉴，有18个品种达到部颁二级标准。会议签约农业开发项目27个，总投资5000万元，其中引资1200万元。

12月10日　《江口县住房分配货币化改革方案实施细则》经地区住房制度改革领导小组批准实施。至此，各县、特区住房分配货币化实施细则已于年内全部出台。

是月　铜仁地区种子公司"梵净山"牌优质大米被贵州省农业厅授予"贵州省优质农产品"称号。

是年　铜仁地区、江口、石阡三个福利院获"贵州省三级福利事业达标单位"称号。

是年　铜仁市城区10万吨供水项目，江口、德江七个县城供水项目被列入地委、行署1999—2000年为民办十件实事之一。

2001 年

2月　江口县人民政府被贵州省人民政府评为3000千米公路改造建设先进集体。

5月11日　中国作协《民族文学》杂志社梵净山笔会在铜仁召开。

6月22日—24日　省文化厅文物处顾问、研究员、省博物馆原馆长吴正光等在湘黔交界的贵州一侧的铜仁、松桃发现众多明清时期营汛、屯堡、碉楼、炮台、哨卡、关隘、壕沟、界墙等军事建筑遗址，是"南方长城"的重要组成部分。

7月7日—9日　第四届中国梵净山国际旅游节暨经贸洽谈会在大兴

机场隆重开幕，共签订引资项目 95 个，总投资 28 亿元。

7 月 7 日 国际篮球巨星姚明来梵净山观光。龚晓宽为姚明登梵净山而作诗一首：梵天彩云红，净土念欲空。巨人临仙境，山高我为峰。

9 月 铜仁城区谢桥至铜江开发区主干道竣工，全长 4.02 千米，宽 40 米。投资 5365 万元。取名梵净山大道。

是月 S302 线高墙—江口大桥油路大修工程竣工，全长 10.9 千米，总投资 3204.39 万元。

10 月 16 日 全国政协副主席、民革中央常务副主席周铁农在省、地有关领导陪同下，来江口县进行考察。

是年 江口县盲人吴波自己作词、作曲、自己演唱的《痛苦欢乐不是错》获贵州省第五届文艺汇演三等奖。

是年 江口县统计局获第五次全国人口普查"国家级先进集体"称号。

是年 贵州省科技厅批准将铜仁地区行署在江口县闵孝—黑湾河一线建立的以冷水鱼产业和种苗为主导产业的现代化农业科技示范园，列为省级农业科技示范园，并无偿拨付 60 万元科技创新基金作为冷水鱼高效养殖示范费用。

2002 年

2 月 3 日 铜仁市东山饶氏书苑修复工程竣工，属全区首例民间资本修复的文物景点。

是月 国务院批准江口县作为全国 592 个扶贫开发工作重点县之一的县份。

3 月 7 日—8 日 贵州省人大常委会副主任徐敬原一行来江口就《省人大常委会地区工作委员会条例》实施情况进行调研。

3 月 21 日—23 日 河南省政协副主席胡廷积、贵州省政协农委主任刘春伟等领导来江口县考察冷水鱼及梵净山旅游开发。

3 月 31 日 贵州省政协副主席许乐仁来铜仁考察梵净山旅游资源开

发情况。

是月　江口县引进贵阳客商田先生投资 6000 万元，对梵净山水泥厂有限责任公司实施异地技术改造。按照干法水泥旋窑生产工艺设计，年生产能力 30 万吨。5 月开工建设。

4 月　全区开展《城市规划法》宣传活动，城乡主要街道设咨询台，展示规划成果，地、县、乡镇政府领导分别发表电视、会议讲话。

4 月 8 日　中共贵州省委副书记黄瑶来铜仁、江口、松桃调研。

5 月 19 日—20 日，国际旅游专家荷兰人戴丽斯、戴斯蒙对梵净山旅游进行考察、规划、设计。

8 月　由贵州省残联主办、江口县残联协办的全省聋儿语培训班在江口黑湾河举行。

9 月 7 日—9 日　全国人大常委会委员、民委主任王朝文考察梵净山生态资源保护情况。

10 月 13 日　由北京《十月》杂志社央视文艺部和中共铜仁地委、铜仁地区行署联合举办的梵净山中国百家期刊文学研讨会在铜仁开幕。

10 月 16 日—18 日　第五届中国梵净山国际旅游节暨经贸洽谈会在铜仁举行，共签约项目 80 个，引进资金 26 亿元。

是月　在农校大礼堂举行梵净山国际书画展，共展出从全国 32 个省（市、自治区）和海外 8 个国家 2200 余幅作品中精选出来的作品 400 余幅。

11 月 21 日—24 日　在时任贵州省委书记钱运录、时任省长石秀诗等陪同下，温家宝一行来贵州省铜仁地区江口、印江、思南、石阡等县农村贫困山区，走访农户后并与乡村干部群众座谈，就发展农村经济、增加农民收入、扶贫开发等问题进行调查研究。

11 月 22 日　温家宝一行来江口视察。

是年　江口县获得"全省双拥模范县"称号。

是年　全国政协委员、上海市政协副主席倪鸿福率上海市全国政协委员赴梵净山考察。

2003 年

3 月 31 日　江口遭受特大冰雹灾害。

11 月 25 日　印江自治县新业乡边山村民罗朝国打死一只黔金丝猴，县人民法院以非法杀害珍贵濒危野生动物罪判处罗朝国有期徒刑 10 年，并处罚金 1 万元；以非法收购珍贵、濒危野生动物罪判处罗中军有期徒刑 5 年，并处罚金 3000 元。没收猴皮一张上缴梵净山国家自然保护区管理局。

2004 年

4 月 13 日　"铜仁—广东航班开通暨梵净山旅游推介会"在广东市旅游交易中心举行。

5 月　中国梵净山佛教文化研讨会在印江举行。

9 月 23 日　"中国梵净山佛教文化研讨会"在印江护国寺召开。中国佛教协会副会长学诚法师在开幕式暨开光大典上代表中国佛教协会认定梵净山是中国五大佛教名山之一。

9 月 25 日—26 日　"移动杯"中国梵净山地越野挑战赛在铜仁梵净山举行。

9 月 2 日—27 日　第六届梵净山旅游节暨资源推介会系列活动在梵净山拉开帷幕。推介会上共签约项目 31 个，协议资金 28.384 亿元。

10 月 29 日　由贵州省苗学会主办、铜仁地区行署承办的"梵净山、苗王城、南长城"旅游专题会在铜仁召开。100 多名苗学专家、学者出席研讨会。

是月　江口县沈冬萍被司法部授予"全国法律援助工作先进个人"称号。

12 月　江口县统计局获第一次全国经济普查"国家级先进集体"称号。

12 月 28 日　梵净山索道由武汉三特集团投资开工。

是月 江口县坝盘乡挂扣村闵中云 4 个农户，被农业部表彰为 2004 年全国粮食生产大户。

是月 印江自治县净团茶叶有限公司在永义乡的 850 亩茶园通过有机茶认证，茶叶产品"梵净山翠峰"获杭州中国农业质量认证中心的有机产品认证证书。

是年 江口县双月社区党支部书记曾静被中央组织部、民政部授予"社区建设先进工作者"称号。

2005 年

2 月 由江口县政协编著的《神奇梵净》作为贵州旅游文史系列丛书由贵州人民出版社出版发行。

3 月 28 日 科技纪录片《黔金丝猴》在梵净山开机。贵州省电视台副台长黄震白，铜仁地区、江口、印江、松桃等县的有关领导出席开机仪式。

是月 江口县桃映乡人民调解委员会被司法部授予"标兵人民调解委员会"称号。

是月 江口县镇江村党支部书记舒继学被授予"全国劳动模范"称号。

5 月 15 日 古历四月初八，在印江举办首届"中国梵净山护国寺佛诞节"，又名浴佛大法会，纪念释迦牟尼 2549 岁生日。学诚法师肯定梵净山为"中国五大佛教名山"，并亲题"梵净山弥勒菩萨道场"碑名。该碑立于印江县护国寺，与该寺新出土的十余尊明代佛像同为"镇山之宝"。

5 月 16 日—17 日 来自全省 9 支攀岩队，27 名攀岩运动员，参加由江口县人民政府、地区体育局、贵州省登山运动协会主办的首届梵净山攀岩邀请赛。经过两天的角逐，红蚂蚁、风行、顶峰攀岩队分别获得冠、亚、季军。

8 月 10 日 江口县胡家屯灾民搬迁工程建成。该工程占地 18 亩，总投资 122 万元，建房 41 幢 192 间，建筑面积 5750 平方米。41 户 141

人喜迁新居。

8月10日—15日 贵州省人大常委会常务副主任龚贤永一行来思南、印江、江口、铜仁等县（市）对《农业法》贯彻执行情况进行检查。

9月1日 由贵州省邮政局、铜仁地区行署联合举办的"梵净山自然保护区"特种邮票发行新闻发布会在贵阳召开。

2006 年

2月17日 国家质检局发布2005年第175号公告，批准对印江县"梵净山翠峰"茶实施地理标志产品保护，是铜仁地区首个获得国家地理标志保护产品。

2月26日 国家旅游局局长赴黔考察以遵义为重点的红色旅游文化并考察调研江口梵净山景区及云舍、太平民族村寨。

4月8日 国务院发展研究中心博士团副秘书长陈荣德博士和中央中共办公厅陈鹏博士一行来江口老街考察社会主义新农村建设情况。

4月22日—27日 水利部农水司副司长吴守信来铜仁、玉屏、江口、思南等县（市）调研。

9月18日 全国政协常委、中国佛教协会常务副会长圣辉大和尚在护国禅寺对慕名而来的400余名各方信士开示。并题写"梵天净地佛居山传真谛，护国佑民利乐有情世祥和"21个大字。

9月28日 第四届"2006年梵净山旅游文化节"在黑湾河开幕。

11月 贵州省政协表彰文史工作先进单位和个人，江口县政协文史委和董振华榜上有名。

12月17日 举行江口—石阡二级公路改扩工程开工仪式。

2007 年

2月5日—6日 中共贵州省副书记曹洪兴在江口县城乡考察社会主义新农村建设。

2月26日 由印江自治县政协副主席、县文联主席王新华作词，铜仁教育学院文庆容作曲，龙清萍演唱的《我心中的梵净山》获全球华人声乐大赛中国赛区总决赛中年 A 组原唱歌曲项目唯一金奖。

3 月 7 日　全国重点文物保护单位铜仁市川主宫失火烧毁。

3 月 25 日　梵净山佛教文化规划在贵阳通过专家评审。中共贵州省委副书记王富玉、副省长蒙启良出席评审会并讲话，中共铜仁地委副书记、铜仁地区行署专员谌贻琴介绍全区文化旅游产业发展情况。

4 月 30 日　举行贵州铜仁梵净山风情歌集《情姐下河洗衣裳》首发式。

6 月 19 日　铜仁地区行署在桂林市航空大酒店举行桂林—铜仁首航暨梵净山旅游推介会。铜仁六家旅行社分别与当地的十家旅行社签订协议。

7 月 9 日—12 日　中共贵州省委书记、省人大常委会主任石宗源和随行的省委常委、秘书长张群山，先后到玉屏、万山、江口等县深入企业、乡村，就落实省第十次党代会精神、推动经济又好又快发展和加强党的建设进行调研。

8 月 27 日　贵州梵净山佛教文化苑暨大金佛奠基仪式在江口县太平乡梵净山村举行。总投资 4.60 亿元，耗用 250 千克黄金修建 5 米高的弥勒佛像，成为世界最大的弥勒金佛。

9 月 1 日　印江银辉茶叶有限责任公司选送的"梵净山牌梵净翠峰"参加第七届"中华杯"全国名优茶评比赛获一等奖。

9 月 17 日　国家旅游局副局长王志发在贵州省旅游局副局长李秀珍等领导陪同下来江口县调研。

9 月 25 日　以铜仁地区行署专员廖国勋为团长，地委委员、行署副专员王磊，行署副专员雷文蓉，行署秘书长梁伟为副团长的地区代表团，参加北京产权交易举行的"地方政府招商工作平台"启动仪式，江口县签约投资总额为 1.46 亿元的招商引资项目。

11 月 20 日　梵净山环线公路开工建设。该项目总投资 7.98 亿元，总里程 156 千米（其中梵净山环线公路建设里程为 108.9 千米、利用杭瑞高速公路 32 千米、江口至黑湾河三级公路 16 千米）。

12月　全国绿化委员会授予铜仁市"全国绿化模范市"称号。

12月24日　熊志凌获全国第九届书法篆刻作品展二等奖。该奖项的获得，使贵州省在此项目展上实现零的突破。

2008 年

7月　武陵山脉主峰梵净山以"武陵正源"的美誉入选2008中国十大避暑名山排名榜。

8月22日　唱梵净民歌，迎北京奥运暨多彩贵州歌唱大赛铜仁地区选拔赛颁奖晚会在铜仁举行。

9月22日　2008年铜仁地区"梵净山"旅游商品"两赛一会"（即旅游商品设计大赛、旅游商品能工巧匠选拔大赛和旅游商品展览大会）在铜仁市金滩广场开幕。

10月24日　省人民政府在松桃县城召开全省城镇建设现场会，推广"政府主导、科学规划、和谐建设、高效管理"的松桃经验。

11月9日　位于梵净山东北部山麓的松桃苗族自治县在松桃中学广场举行仪式，庆祝自治县成立五十周年。全国人大常委会原副委员长布赫、中共中央宣传部原部长朱厚泽、全国人民代表大会民族委员会原主任王朝文等出席庆典仪式。

是年　农业部确立铜仁市贵州东太农副产品批发市场为全国农产品定点批发市场。

2009 年

2月2日　梵净山山门、黑湾河路桥、黑湾河安置区、大型停车场、柑子湾移民、梵净山—太平河景观大门六个文化旅游重点工程项目开工。

3月10日　梵净土家歌舞表演团近50人走进中央电视台《民歌·中国》栏目录音录像，选送36个土家优秀文艺节目进行录制。铜仁地区推荐的土家族原生态民歌《太阳出来照白岩》正式被央视民歌中国博物馆收藏。

4月20日　全国50家电台著名主持人走进梵净山采访大型直播活动在铜仁市火车站广场举行。

4月28日　《欢乐中国行·魅力梵净山》大型综艺节目，在铜仁民族文化风情园上演。毛阿敏演唱《我的家乡梵净山》，韩磊、陶喆、林俊杰、汪峰、弦子、孙楠、辛晓琪、容中尔甲、花儿乐队、金莎、张也等著名歌手登台献唱。

4月30日　2009年贵州梵净山文化旅游节活动之《魅力梵净山·桃源铜仁美》大型情景歌舞演出在铜仁民族文化风情园举行。贵州电视台进行直播，现场近2万群众参与互动并观看演出。

5月　铜仁火车站广场开工建设，占地4万平方米，总投资1920万元。广场以绿化、休闲、健身、赏游为主，是铜仁市民的休闲娱乐中心。

6月12日—13日　台湾首个旅行团（20余人）来铜仁梵净山、十里锦江、九龙洞风景名胜区观光。

6月28日　第五届印江招商引资资源推介会暨首届梵净山经济发展论坛闭幕。共签约项目20个，签约资金11.6亿元。

10月26日　由中共宁夏回族自治区党委常委、宣传部部长杨春光率领的宁夏回族自治区文化旅游考察团一行来铜仁，就梵净山生态文化旅游进行考察。

12月18日　《贵州日报》发表《文化铜仁初露锋芒　梵天净土力塑品牌》，介绍铜仁地区专业艺术表演团体改制成功案例和文化产业发展情况。梵净山文化演艺有限公司被评为全省改制先进企业。

是月　松桃"苗家佛光茶"和"净山翠芽"在中国茶叶流通协会主办、河南省信阳市人民政府承办的2006"恒天杯"全国名优绿茶评比活动中分别获得金奖和银奖。

是年　铜仁地区《多姿多彩的梵净山》《情姐下河洗衣裳》等19首原创歌曲获全省奖金38万元。

是年　国家文物局批准投资500万元恢复重建铜仁市川主宫，2010

年初主体工程完工。

是年　经文化部开展的全国第四次县级以上公共图书馆评估定级，江口县图书馆达到国家三级馆标准。

2010 年

2月9日　中共贵州省委副书记王富玉、副省长蒙启良率省委政策研究室、省民政厅、扶贫办、总工会负责人来江口县慰问贫困苦难职工。

3月27日　松桃自治县举行潜龙洞景区建设开工仪式，总投资4900万元。

是月　松桃梵净山生态茶叶有限公司生产的"净山翠芽"获2009—2010年度"多彩贵州100强品牌"称号，为铜仁地区茶叶产品中唯一获此荣誉品牌。

4月8日　《本山快乐营》演员"刘大脑袋""赵四""香秀""王小蒙""王云""白清明""皮长山""李秋歌"和"刘英"等一行来梵净山景区拍摄节目。

5月9日—10日　国际影视巨星成龙来梵净山开展慈善捐赠活动，给旱灾困难群众送来2万箱纯净水，200个学生书包，捐赠100万元小型水利工程款。

5月17日—18日　中共贵州省委副书记、省旅发领导小组组长王富玉，省委常委、统战部部长龙超云，省委常委、副省长、省旅发领导小组副组长黄康生来铜仁市、江口县检查调研第五届贵州省旅游产业发展大会承办工作筹备情况。

7月　中央电视台导演、中视天迈艺术总监王刚强来铜参加"声传梵净山·明星唱铜仁"大型明星演唱会。在新浪博客上发表一篇名为《美丽的梵净山》文章。

8月6日—7日　时任国务院扶贫开发领导小组副组长、国务院扶贫办主任范小建来梵净山考察调研。对江口县双江镇镇江村蔬菜基地和太平乡寨沙侗寨乡村旅游点详细了解。

8月16日　铜仁地区梵净山民族歌舞团演出成员赴上海参加上海世博会贵州馆活动周活动。

8月18日　贵州省宗教学会、《中国宗教》杂志社、贵州省佛教协会主办，铜仁地区佛教协会承办的2010年中国梵净山佛教文化系列活动在黑湾河正式拉开帷幕。省政协副主席陈海峰宣布2010年中国梵净山佛教文化系列活动开幕。

8月28日　中国梵净山佛教文化系列活动开幕式暨大金佛寺金玉弥勒开光大典在贵州省铜仁梵净山佛教文化苑举行。中国佛教协会副会长学诚法师出席开幕式并讲话。

8月29日　贵州省宗教学会、贵州省佛教协会和《中国宗教》杂志社主办的2010年中国梵净山佛教文化研讨会在梵净山龙泉寺召开。来自全国各地的专家学者和宗教人士及区内外新闻媒体共200余人走进"人间桃源·梵天净土"，共同研讨佛教文化，纵论梵净山弥勒道场。

9月15日　第五届贵州旅游产业发展大会在"武陵正源、名山之宗"的铜仁地区江口县梵净山召开。时任贵州省委副书记、代省长，现任河北省委书记赵克志出席并讲话。赵克志一行考察梵净山景区，在听取梵净山发展情况后，称其旅游资源开发潜力很大。时任贵州省委书记，现任中央政治局委员、中央书记处书记、中央办公厅主任栗战书出席会议。

9月15日　全国政协副主席、农工党中央常务副主席陈宗兴对梵净山文化旅游资源进行考察。

9月17日　孙悦参加贵州旅游节首唱《云上青山》。

11月5日　孙悦在央视第三套节目《我要上春晚》栏目中演唱《云上青山》，取得央视《我要上春晚》第八期人气王第一名。

11月20日—21日　泰国国家旅游局副局长桑蒂炎中巴实来梵净山自然保护区实地考察。

2011 年

2月13日　铜仁城开工建设贵州省唯一一座钢筋混凝土"葵型"拱

桥——南岳 1 号大桥，全桥总长 196 米，宽 25 米，投资 3970 万元，位于铜仁火车站对面。

4 月 27 日 梁衡、叶辛、周明、雷抒雁、尤雁子等十余位文艺界人士组团赴梵净山采风。采风团参观梵净山佛教文化苑和江口县太平乡寨沙侗寨民族文化村，并在省级风景名胜区太平河边观看大型山水民族歌舞剧《浪漫太平河·梵净山之恋》首演。著名作家叶辛提笔写下《登梵净山》："浓荫披万山，梵风扑面来。净谷花千朵，曲径通云端。"

5 月 10 日 全国 24 名知名博主赴铜仁市采风，走进梵净山。本次活动邀请著名学者孔庆东，知名时评人染香，著名军事专家戴旭，著名财经评论员、专栏作家侯宁，《中国国土资源报》副社长徐侠客，"亚洲大厨"知名养生专家及美食家王大厨等。

7 月 4 日—7 日 全国政协副主席董建华赴黔考察贵州省旅游产业发展、乡村旅游扶贫、新农村建设和城市建设等工作。在铜仁地区，董建华听取梵净山旅游基础设施建设和生态建设情况汇报，考察铜仁市城市规划展览馆。

7 月 31 日 深圳市人民政府原常务副市长、党组副书记刘应力夫妇游梵净山，夫妇二人诗意随来，即兴吟诗一首："梵天净土悟禅缘，金顶峻峭汇清泉。云天雾海渐佳境，心悦体健道最玄。"

8 月 20 日 梵净山环线公路竣工验收。

8 月 21 日 国务院办公厅秘书二局副局长吴相仁、国务院办公厅秘书二局处长张江波、国家旅游局办公室主任彭德成、国家旅游局政策法规司政策研究处处长王月浩来铜仁进行乡村旅游、民族文化旅游及旅游工艺品专项调研，重点考察梵净山自然生态、佛教文化和民族风情旅游开发及建设情况。

8 月 29 日 中国佛教协会原会长，现中国佛教协会名誉会长一诚法师亲笔为梵净山龙泉寺题字"龙泉禅寺·弥勒道场"。龙泉禅寺弥勒殿上的露天弥勒佛被称为"亚太地区第一大弥勒佛"。

9 月 15 日 省人大铜仁地委第三次全体会议召开。会议听取《关于梵净山环线旅游公路建设及景点（区）重点项目实施情况的报告》。

9月17日　铜仁地区松桃、印江、江口县遭受特大暴雨袭击，造成梵净山周边地区多处山体滑坡，4条主要河流暴涨，稻田大面积被淹，14个乡镇、8.37万人受灾，受损公路440千米，一批水利工程损毁，电线倒杆，直接经济损失2.1亿元。

9月23日　国家教育局考试中心原主任戴家干和贵州省教育厅副厅长、考试院院长周宝英来梵净山视察调研。

9月24日　深圳市委原副书记、人大原副主任庄礼祥率深圳市商业联合会考察梵净山。

10月10日　铜仁地区广播电视台、梵净山歌舞团有限公司授牌仪式在铜仁市举行。

10月22日　国务院批复同意贵州省撤销铜仁地区和县级铜仁市、万山特区，设立地级铜仁市。分别以原县级铜仁市（不含茶店镇、大坪乡、鱼塘乡）的行政区域设立碧江区，以原万山特区和原县级铜仁市的茶店镇、大坪乡、鱼塘乡的行政区域设立万山区。

11月5日　2011贵州梵净山文化旅游节开幕式暨中国梵净山绝技绝艺文艺演出在铜仁民族风情园举行。

11月6日　2011中国梵净山"环梵"公路自行车挑战赛在梵净山举行。此次公路自行车挑战赛是由铜仁地区与国家体育总局自行车击剑运动管理中心、贵州省体育总局、贵州省旅游局联合主办，共有244名运动员参赛。其中业余组200名，专业组35名，特邀外籍人员9人。云南队、辽宁队、安徽队分别获男子公路自行车专业组团体前3名。

11月7日　100名书法家写意梵净活动在铜仁地区印江自治县举行。

11月11日—13日　第七届中国节庆产业年会在成都举行，贵州梵净山文化旅游节获2011年度中国"十大旅游类节庆"大奖。

12月28日　铜仁医院门诊医技大楼、住院大楼在川硐举行开工仪式。工程占地250亩，建筑面积15.12万平方米，总投资4.70亿余元，建设周期2年。

是年 江口城梵净山北路、象狮大道、环城西路、回龙大道等一期工程完成。

是年 江口县桃映乡漆树坪获"贵州魅力民族村寨"称号，是全省10个获得这一殊荣的少数民族村落之一。漆树坪是全省唯一的以羌胞为主聚居的村寨。该村寨有 88 户 328 人，村民系从四川阿坝藏族羌族自治州茂县迁徙而来，至今已历 11 世 300 余年。

2012 年

6 月 7 日 全国人大财政经济委员会副主任委员卫留成，中央纪委、中央组织部第四地方巡视组组长阎海旺，中央金融工委原委员、中国信达资产管理公司原总裁、党委副书记朱登山，在中共贵州省政协副主席王富玉、铜仁市委副书记张政的陪同下来梵净山佛苑文化苑，参观国宝金玉弥勒。

6 月 14 日—16 日 时任贵州省委书记，现任中央政治局委员、中央书记处书记、中央办公厅主任栗战书深入梵净山调研。

7 月 9 日 香港著名主持人吴小莉接受贵州省铜仁市之邀，正式担任铜仁梵净山文化形象大使。

9 月 12 日 省林业厅厅长金小麒一行在铜仁市开展林业经营和生产状况调研期间，来梵净山国家级自然保护区督查指导林业工作。

2013 年

3 月 31 日 国家林业局湿地保护中心主任马广仁一行在省林业厅副厅长黎平陪同下，来梵净山国家级自然保护区开展调研工作。

4 月 20 日—24 日 全国人大常委会原副委员长、民革中央主席周铁农一行来铜考察。周铁农先后考察江口佛教文化苑、寨沙侗寨、梵净山景区、松桃苗王城、梵净山苗族文化旅游产品开发有限公司等。

5 月 26 日 深圳市委常委、市委统战部部长张思平来梵净山考察调研。

7月20日—22日　梵净山生态文明与佛教文化论坛在梵净山举行。国务院原委员、铜仁印江籍戴秉国发表主题为"心灵环保、世界和谐"讲话。

10月　"民革贵州省生态文明建设实践基地挂牌仪式"在铜仁市江口县梵净山举行。

11月17日—19日　贵州省委副书记、省长陈敏尔一行深入铜仁市碧江区、江口县等进行调研。在考察梵净山环线旅游资源时，陈敏尔叮嘱当地有关负责人要加快打造一批风情村寨和风景小道，让梵净山风行天下。

11月3日　民革中央副主席何丕洁调研考察梵净山。

11月4日　民革中央副主席何丕洁及民革中央书画院画家、全国知名画家王庆云老先生，中国画野稻谷创始人霍甲寿在梵净山黑湾河吟诗作画，墨香飘在梵净山。

11月9日　印尼知名设计师 Espana Aji 和 Ketut Siandana 共游梵净山。

11月11日—13日　省政协主席王富玉在省政协秘书长李月成，市委书记刘奇凡，市委副书记、市长夏庆丰，市政协主席陈达新等陪同下，深入铜仁市调研。

11月12日—14日　美国教育服务中心 ETS 和美国国家教育局集团、海云天公司在梵净山共同举办"国际化背景下教育英语素养提升计划"贵州启动仪式。

2014 年

3月25日　贵州省科协副巡视员朱筑川赴江口县考察验收"梵净山自然保护区省级科普教育基地"项目。

4月　武汉知名自媒体高小蛮作梵净山之旅。

4月14日—5日　腾讯网湘、浙、粤、渝等12家站点，《楚天金报》《长江商报》、新浪网湖北、凤凰网湖北、天涯社区、湖北经视等数十家国内省内媒体组成采访团来铜仁市梵净山景区采风。

5月　全国知名微博"大V"开始"多彩贵州行"，著名学者孔庆东，知名时评人染香，著名军事专家戴旭，著名财经评论员、专栏作家侯宁，《中国国土资源报》副社长徐侠客，"亚洲大厨"、知名养生专家及美食家王大厨齐聚梵净山下。

5月15日　海云天董事长代表公司向梵净山野生动植物保护基金会捐款33.5万元。

7月12日　主题为"铜仁生态美·梵净天下灵"的2014中国梵净山生态文明与佛教文化论坛在铜仁市江口县梵净山开幕。

7月14日—16日　江口县连续普降大暴雨，此次强降雨造成江口县10个乡镇（办事处）共计66712人受灾，直接经济损失9722万元。

7月16日　北京奥委会原主席、北京市原市长刘淇来梵净山视察调研。

8月　省委书记赵克治及市委领导陪同团在梵净山举行红军木黄会师80周年庆典活动。

8月　国家旅游局局长邵琪伟率队来梵净山考察旅游产业发展工作。铜仁市委书记刘奇凡、省政府副秘书长张汉林、省旅游局副局长郑旭及铜仁市有关领导陪同，在梵净山景区实地考察调研乡村旅游、旅游扶贫、景区发展等情况。

8月13日—14日　国家旅游局局长邵琪伟先后在梵净山麓江口县太平镇寨沙侗寨、梵净山景区，实地考察调研乡村旅游、旅游扶贫、景区发展等情况。

9月19日—22日　深圳同心俱乐部陈红天主席乘私人商务机来梵净山生态植物园，并考察"梵净云天"天然山泉水水源等地。市委副书记、市长夏庆丰亲切会见。同心俱乐部常务副主席徐航、舒心、游忠惠、江学院、林晖翔、黄育存、陈春晖、王红军、蔡文川等成员随行。

9月29日　深圳金蔷薇微电影导演大赛十强作品《回归之旅》在贵州梵净山生态植物园顺利完成拍摄，并在梵净山国际会议中心举行新闻发布会。游忠惠董事长致辞。

10月25日 "珍爱在云端"活动在梵净山举行。作为梵净山景区的首创爱情主题旅游活动，以"拾爱季"作为珍爱主题。本次活动全面升级，除一系列精彩活动之外，更有著名情感专家苏岑亲临活动现场见证情侣签约《爱情契约》。此活动全国报名情侣接近1000对。

2015 年

3月23日—24日 中央农村工作领导小组副组长袁纯清先后到梵净山麓江口县太平镇梵净山村、凯德街道黑岩村、怒溪镇骆象村，通过召开座谈会、查看资料、实地走访等方式进行调研，对铜仁市健全扶贫机制、加大产业扶贫、突出金融扶贫、发展乡村旅游等方面的做法给予肯定。

4月22日—23日 国家民委副主任丹珠昂奔率国家民委国际交流司司长倖兰和国家民委相关人员来铜仁市考察民族文化发展工作，并重点考察梵净山、佛教文化苑、寨沙侗寨。

4月23日 中国教育发展战略学会教育信息化专业委员会换届改选工作会议在国际会议中心举行。

4月24日—25日 "民革广东省2015年基层骨干培训班"在国际会议中心举行。

6月5日 来自广东、江苏、浙江、四川、云南、湖北、江西、厦门、深圳、重庆、广西、西藏等18家广播媒体，参加"呼吸梵净、寻找云舍"——2015年中国南方旅游广播走进梵净山采风活动。

6月18日 "中国梵净山申报世界自然遗产专家研讨会"在梵净山召开。英国肯特大学教授约翰·马敬能、美国教授毕蔚宁、印尼教授普什巴·黛薇·李曼、英国教授安德鲁劳里、澳大利亚教授马克·亚历山大以及中科院、北京大学、贵州师范大学等多名专家教授，以及省住建厅副厅长陈维明和铜仁市市委常委、市委宣传部长刘婕等领导出席研讨会。

6月25日 2014央视春晚《时间都去哪儿》主人公赵萌萌与父母来梵净山。大萌子微博说："为感恩父母，她会在父亲节当天陪父母前往梵净山旅游。"为此，梵净山景区与腾讯网合作，特别策划一场"父爱如山，梵净作证"专题活动，以回馈广大游客的热情。

6月29日 主题为"心灵环保·世界和谐"的2015中国梵净山生态文明与佛教文化论坛在梵净山举行。全国政协常委、副秘书长、民革中央副主席何丕洁，中科院院士、中国人与生物圈国家委员会主席许智宏，省政协副主席班程农等领导出席会议并讲话，铜仁市委书记、市长夏庆丰致欢迎辞。

6月29日 2015中国梵净山"人与生物圈计划"战略研讨会在梵净山召开。中科院院士、中国人与生物圈国家委员会主席、北京大学原校长许智宏出席作主旨演讲，并为中国人与生物圈国家委员会梵净山培训基地授牌，中科院水生生物研究所研究员、中国人与生物圈国家委员会秘书长王丁主持会议，铜仁市委副书记阳向东致辞，贵州省林业厅副厅长黎平，铜仁市副市长胡洪成出席会议。

7月28日—29日 中国食品工业协会会长、第十一届全国人大财政经济委员会主任委员、贵州省原省长石秀诗，铁道部原副部长蔡庆华来铜仁考察万山汞矿博物馆、川硐教育园区建设以及梵净山文化旅游产业发展情况。

7月28日 贵州省新农村建设暨美丽乡村"百村大战"会议在梵净山举行。副省长刘远坤，以及各市州政府（贵安新区管委会）、部分县（市）政府分管同志等100余人参会。

8月18日 贵州省委常委、常务副省长秦如培率全省第二次项目建设现场观摩会第三观摩组来梵净山、寨沙侗寨与云舍土家第一村现场观摩。

12月12日 贵州梵净山旅游论坛峰会暨贵州梵净山职业经理人培训会在梵净山举行。来自铜仁地区各大景区及酒店中高层管理人员100余人参加。

12月14日　贵州梵净山大健康产业园开发建设项目签约仪式在梵净山举行。铜仁市委书记夏庆丰、劲嘉集团董事长乔鲁予、铜仁市委副书记阳向东及江口县四家班子主要领导出席。

第三篇　文献选录

敕赐梵净山重建金顶序碑

　　碑位于梵净山金顶北侧的滴水岩下，原通明殿旧址侧，海拔 2270 米。坐北向南，通高 2.9 米，碑心高 1.85 米，宽 1.5 米，单面楷书阴刻，竖于明万历四十六年（1618 年），是梵净山上现存最珍贵的古碑。碑额竖刻"敕赐"二字，两边饰以腾龙拱护。文字分序文和附文两部分。无论从文辞的典雅华美程度，还是从梵净山古佛道场的历史定位讲，此碑都堪称是梵净山的山川绝唱，是梵净山迄今为此发现的唯一一通"螭首"古碑，是梵净山的镇山之宝。"敕赐"的缘起，是明万历二十七年（1599 年），播州事起，贵州巡抚郭子章领兵征讨杨应龙，战火蔓延至梵净山。梵净山的寺庙毁坏殆尽。其间，适值国舅李颖，法名妙玄，来此山隐居修行。地方官吏知晓后，奏报朝廷，引起神宗万历皇帝及李太后的高度重视，下诏敕赐妙玄为钦命僧，颁给镇山印信，重建梵净山的金顶正殿。此后，梵净山佛教日益兴盛，名震天下。1982 年 2 月，"敕赐碑"被公布为贵州重点文物保护单位。碑文如下：

敕　赐

敕赐梵净山重建金顶序

　　伏以，四海名山，九州巨镇，十方净土，众姓福田。故东岱、西华、南衡、北常，悉帝王封禅之所；而玄寺、缁庐、青鸳、白马，皆佛子接引之区。水上闻香，始辟漕溪法界；空中飞锡，因开潜麓化城。山以仙名，地关人杰。窃见梵净山壁立黔南之境，轴连楚蜀之间。仙洞灵台，咸棋布而胪列；奇峰古刹，俱凤翥而鸾翔。天心池、金沙池、九龙池，倒泻银河，无异临海之桂鹤；太子石、青阳石、金子石，高标玉笋，不让陈仓之鸣鸡。独红云顶为最奇，宜白莲社之茂建。雪消六月千溪涨，洪溢江源；日转双峦万壑阴，崇□□□翻经台下，时看百鸟衔花；选佛场中，更有群龙荫树。何奈羊肠荆棘，遂会虎观丘墟。九年之壁既颓，百神之觞安寄！守惟游人断白之响，抑且景物负赤城之霞。而请日肆今宇内提衡方岳者，佥谓两间之巨镇，所以立天地而不毁，冠古今而独隆者，无如四大名山。而不知此黔中间之胜地有古佛道场，名曰梵净山者，则又天下众名岳之宗也！旧说者，以弥勒、释迦二祖分管世界，用金刀劈破红云顶，于是一山分为二山。是山者也，上之穹隆接天，而三十三天不为玄渺；下之厚重住地，而九土九凉不为幽嫪。虬蝛结蟠，林木郁苍；剑气横天，仙梯接斗。叠经台、炼丹台，层峦耸翠；献果山、凤凰山，飞彩流丹。四时有不谢之花，缛缛然蓬莱三岛；八节有长生之景，炳炳分阆苑瑶池。霞光万道笼金鼎，普天圣真如云集；紫辉千丈罩玉门，率土明神似雨临。至若九十九溪一溪不知之说，尤以见此山之广大。宝藏兴，货财殖，囊括天地之万有以为储。且也，崔崔巍巍以示其险，默令进香鼎礼者履险若夷；巉巉岩岩以恶其势，阴使敬重三宝者率蒙善报。所谓大地乾坤，无边法界，极乐天宫乎！盖自开辟迄今，海内信奉而奔趋，不啻若云而若水；王公大人之钦谒，恒见月盛而日新。久已灵驰于两京、倾动于十三布政、劳萦于抚安、烦顾于道府，诸侯莫不期以魂交黄帝而梦接安期。古来得道成真，又莫不于斯凝神，于斯蜕颖。他若仙迹所遗，标题所载，种种灿著以殚述。既自播乱之后，传闻四方，往来朝睹人稀，非复旧盛，倘亦佛老运数之厄使然！第此山之灵异，千载一日也。窃计世道之兴隆，佛神司命；而山岳之显爽，多自修培。幸际仁明在位，泽遍八方，恩施还定，百神是依，千载奇遇。以故天哀名山之颓，而赐以钦命僧妙玄重建金顶正殿，足为万圣临銮。

蒙钦命，抚、按、道、府各衙门，作兴允议然。而山连四府，当与国运俱隆；玉简金书，仚见与人文并烂。山灵，谨序。

赐进士第北京户部郎中李芝彦谨题

大明万历戊午岁仲春吉旦

附文：

太后娘娘李，太府太师常乐，太监王，国子监林，礼部尚书张，户部郎中李。

钦差巡抚贵州重门张、郭，巡抚监察御史杨；钦差总镇都督邓、龙，贵州布政司谢；钦差分巡抚苗道刘、高，铜仁府知府陈、陈，推官张，思州府知府赵，石阡府知府鲁，思南府知府舒，强坐营司周。

钦差平头守备刘，印江守备赵，印江知县郑，铜仁知县丘。

应天府居士朱，同缘陈氏，男孟林，汪氏。

乡官：任、周、刘、罗、田、杨。

赐进士乡官：喻、肖、徐。

朗溪司任、田，提溪司杨、张，乌罗司杨，平头司田，省溪司杨。

举人：田、鲁、姚、杨、陈。

生员：周登、盛正阳。

九皇洞、九皇殿、三清殿、圆通殿、弥勒殿、释迦殿、通明殿。

法徒：真清、圆容、圆真、圆普、圆洪、圆显、圆贤、圆水、圆名、圆清、圆圣、圆镜、圆庭、圆惠、圆观、圆霞、圆满、圆德、圆坤、圆宗、圆善、如清、圆会、真祥、圆登、海源、明通、明然、明登、性海。

化主：圆通、海聪、圆盟、圆松、法空、圆成、明进。

信善：文理通、刘可富。

头目：杨光国、王界臣、王海云；平□把总谭，界牌把总刘，胜把总王，凯文把总田，滑石营把总吴。

诸天烛一藏，金刚尊一藏。

各方僧道、各府官长、各司土官、各洞里老、平民人等，一切诸人，起心不善，坏吾此山，领受此愿，犯者即还。

承恩寺常住田二石；施田：杨胜松、李胜巳、李胜枝；

天庆寺，朝天寺常住田七斗；天林寺，常住田八斗。

天池寺，东南至平省司，东至乌罗司为界，西至提溪司为界，北至朗溪为界。

石匠：僧真香、胡贵。

因恒重建承恩寺常住碑序

碑位于梵净山西麓坝梅寺旧址，高 1.6 米，宽 0.96 米，厚 0.24 米，碑额为《梵净山□□记》，标题为《因恒重建承恩寺常住碑序》，系梵净山承恩寺众僧于清康熙二十五年（1686 年）所立。碑文纪录了因恒禅师在承恩寺驻锡 30 余年，"重建梵净，不逸一足"。并纪录了当时的"坝梅寺"名叫承恩寺，是梵净山的重要寺院，其规模和影响，与东岱、西华、南衡、北常四大名山并列。碑文如下：

梵净山□□记

因恒重建承恩寺常住碑序，常闻天下之最大者，莫名山若也。而其名：东岱、西华、南衡、北常是矣。抑且继右而立隆者，又莫若承恩寺也□□，法前徽则画后图是也，奚以碑铭？深思之而又若不然。如我恒师，迷居三十余载，重建梵净，不逸一足，不染分□□禅，虽逝犹存也。而今人何不为往师访效哉！可□□□山顶，铭碑纪常住，悉为流芳万古，复见后禅，觅恩官□□，以及奕僧观感则施恩施田，继续无异也。由是继续□□□而有无人僧禅荷资等，不负前后之雅化，复于丙寅年，照契勒碑，以定规则，则前人得今人□□心者，今人为后人而愈惧心也。虽然人生几何，如日月之迅速焉，则□情浩荡，施誓如山矣。其誓曰：

"苍心弓，天来老，滔滔无水米，师如僧无保，常住一失人，身堕落万劫，俗有毁于福田□□，记开一处地名□□。

□□重建师天恒友天一、天祥、法姿、师侄知鉴，知镇、知镜、大智、大慧；徒智清、智通、智明、智日□□本庵僧人。

康熙二十五年□□

天庆寺界碑

碑原位于梵净山东北麓天庆寺旧址侧，20 世纪 80 年代移于旧址坎下，保存完好。碑文由"赐进士出身署贵州思南营游府印务军功等随带纪录二次"贵州黄平人王焯撰写，清乾隆十年（1745 年）住持僧圆昌立。青石质，通高 2.7 米，厚 0.1 米，宽 1.3 米，楷书阴刻。碑文记录因楚人私挖金砂，与天庆寺发生纠纷，于是由贵州巡抚委托贵阳分府，会同思南知府、思南总兵、郎溪正副土司等各级官员，亲临实地踏勘，再次明确寺院山场的四至界限。如此庞大的官员阵容来给一座寺庙踏勘界线，充分反映了当时天庆寺的历史地位及其与各级政府的密切联系。碑文如下：

界 碑

乾隆拾年乙丑岁之孟冬月，因楚人在本寺山场内私挖金砂，自七年起，聚集多人，庙宇深受其害。今幸奉总督部院张，选委贵阳分府闰，本府正堂孔，思南营总府王，暨本府督郎舍，郎溪正司田、副司任，思南外司杨公全踏勘，开采抽课。蒙众住福星俯念，天庆寺乃前人创建，有明万戊午年敕封，本朝康熙元年，经思南营督府王讳平捐银叁百陆拾两重建，买置山场。至今数百年香火，关系合郡风水。今立定界址，并竖小界碑陆块。界内不许楚人开挖，有伤庙祀，其界外亦系庙地，今既纳国课，准其开采，幸蒙本府正堂孔取具，厂头遵依，甘结在案，恐久弊生，勒石为纪。

附刻本寺古置山场四至界址于后：

东抵沙子凹跟岭直上梵净山为界，南至月镜山跟岭直下九皇观为界；西至牛角洞跟岭直下象鼻岭为界；北至金厂大擂口跟岭直上尖峰沙子凹为界。

赐进士出身署贵州思南营游府印务军功等随带纪录二次黄平王焯撰

大清乾隆拾年岁在乙丑年拾月伍日住持僧圆昌立，石工银正才勒

承恩堂崇修仸垣序碑

碑镶嵌在梵净山两麓坝梅寺旧址后面的一条路坎下，从碑石的镶嵌方式及位置看，此路坎过去是一堵墙。碑题《崇修仸垣序》，清嘉庆十年（1805年）十一月，比丘僧松青等立，现保存完好。碑文记录了承恩堂有老庵和新庵，老庵在另一个地方，经过多次迁移，才到现在这个地方。乾隆五十一年（1786年），应慧和尚又迁到下流。嘉庆十年（1805年），松青和尚建议把以前的老围墙重新扩建，各堂都表示赞成。于是松青和尚等召大家出钱，重新扩建了新庵墙垣。结合梵净山区其他各种修桥补路的功德碑分析，乾隆后期和嘉庆前期，一般民众的捐款只是几钱或几十文、几百文，上两的极少。因此，从这通碑的捐款数额可以看出，当时坝梅寺的僧人比较富裕，几个人的捐助就足以把围墙修好。碑文如下：

崇修仸垣序

上方曰：兰若亦曰丛林。承恩堂之有老庵，先和尚再迁于是。乾隆五十一年，师伯应慧再迁下流，则老庵为新庵之陈迹。新庵者，老庵之脉所由发也。老庵盛，新庵亦雄。虽欲弃之，乌得而弃之。嘉庆十年冬，余松青请命师伯，因旧日之垣范改而扩大，众堂无不首肯。鸠工之日，增高继长，涂其既茨墙以及肩也。杂植木卉，象彼丛林，地为生色也。语曰：用力少而成功多，合数人共助之锱铢，培千万年尚方之祖脉，一倡之，众和之。予虽不及见后之□，□□□□□之本立道生，日新月盛，

墙坚木亦茂，木茂地亦灵，地灵人亦杰，于新庵殆不无小补尔。时嘉平工竣，凡出微资，名列于后。之触目心者，随时补葺。承恩堂其渊远而流长乎！是为序。

大清嘉庆十年岁次乙丑冬月上浣吉旦比丘僧松青叙立

禁砍山林碑文

禁砍山林碑，共2通，青石质，方首，楷书阴刻，高1米，宽0.5米，立于梵净山《敕赐碑》附近。其中一通额题"名播万年"，一通额题"勒石垂碑"，均系贵州巡抚麟庆和贵州布政使司按察使李文耕所出布告，刻于清道光十二年（1832年），麟碑在左，李碑在右。麟碑已断为三截，但仍可拼合辨读，李碑仍完好无损。这两份布告的缘起是坝梅寺僧私卖山林给湖南商人砍伐烧炭而起，因此命令该处山场及附近四周一切山林木石，务须随时稽查，妥为护蓄，毋许僧再渔利，私招外来匪徒砍树烧炭，以靖地方而护风水。这两通碑对于了解梵净山森林之所以能够长期得到很好的保存原因和加强对梵净山森林生态系统的保护都具有极其重要的意义，是研究梵净山自然生态历史和寺院山场管理历史难得的重要史料。碑文如下：

名播万年

护理贵州巡抚部院麟：

灵山重地，严禁伐木掘窑，以培风脉事。

照得铜仁府梵净山，层峦叠嶂，古刹庄严，为大小两江发源，思铜数郡保障，粮田民命，风水攸关。自应培护，俾山川□□，□静无伤，斯居其地者，咸享平安之福。护院访得该处有外来炭商，勾串本地习劣绅民及坝梅寺僧，私卖山树，掘窑烧炭，只图牟利，不顾损伤风脉。屡经土庶呈控，地方官虽已查禁，而奸徒阳奉阴违，至今积弊未除，除扎饬铜仁府亲往查勘封禁，妥议具详处，合行出示严禁。为此，示仰军民僧俗人等知悉：后毋许将该山树株私行售卖，不容留外来奸商挖窑烧炭。如敢故违，一经查获，或被告发，定即从重究办；倘差役乡保得规包庇及借端滋扰，一并严惩。各宜凛遵勿违。特示。

右谕知悉

大清道光十二年十二（月）初十日示

勒石垂碑

署贵州等处承宣布政使司按察使兼管驿传事加三级纪录十次李为严禁采伐山林，开窑烧炭，以培风水事。

照得铜仁府属之梵净山，层峦耸翠，为大小两江发源，思铜数郡保障，其四至附近山场树木，自应永远培护，不容擅自伤毁。前于道光三年，因寺僧私招奸徒梅万源等，在彼砍伐山林，开窑烧炭，从中渔利。据府属贡生万凌雯等呈控到司，当经前司饬府提讯究办，并出示严禁在案。今复据府属生员滕行仁等具控楚民郑大亨等，贿串寺僧普禅等，将山场售卖，砍木烧炭等情到司，实属藐玩。除饬铜仁府查拿讯究详报外，合行再出示严禁。为此，示仰梵净山寺僧及该地方乡保军民人等一体知悉：嗣后该处山场附近四周一切山林木石，务须随时稽查，妥为护蓄，毋许僧再渔利，私招外来匪徒砍树烧炭，以靖地方而护风水。倘敢故违，许该地方乡保人等，立即指名赴府呈请拿究。如敢到相容隐，于中分肥，别经发觉，或被查出，定行一并照知情盗卖官民山场律治罪，决不宽贷。各宜凛遵勿违。特示。

右谕周知

大清道光十二年十二月初一示

宪示精明碑文

碑位于梵净山东麓天马寺，当时称永兴堂。碑高1.5米，宽0.89米，厚0.09米，青石质，方首，阴刻，碑额《宪示精明》。永兴堂住持僧、临济正宗第四十二世兴崇等于清道光二十五年（1845 年）立，现保存完好。此碑是梵净山区域目前所见记载寺院创办田产最早的碑碣，是研究梵净山佛教发展史的重要文物，是梵净山区域寺院中迄今为止发现的刻有满、汉两种文字"关防"的唯一碑碣。碑文如下：

宪示精明

特授贵州松桃直属隶军民府加五级纪录十次李为照得乌罗司天马寺小引。

流传遗观无怠，叙我禅室，相传数百年矣。继代明师，唯实悟本，宗枝大乘，向上之基，吾独撑之。然天马寺窃僧广辙，自幼披剃，祝发蒙师。始祖宗和尚，号自然。祖坐静时，观山场之必住；钵盂瓦饭，莫充如来之饥。熟（应为"孰"）肯身处荒凉，愿甘淡寞。于洪武年间，得创天马寺荒田一段，周围老山一幅，册载额粮一斗四升。粮重田少，尚未能垦，难以度日。僧祖慧本，不染俗尘，自甘落寞，守纤纤之常住，不辞劳苦，上开峻岭，下垦荒丘。后明聪祖，由是日新月盛，渐渐长成，披星戴月，旦夜奔驰，耕食凿饮，聊可度日。寺除出老粮外，买田粮五斗，册载可稽。后僧祖洪政、天性等，连年齿积，颇余田土。重修殿宇，复造高堂，塑换金身，上下诸尊有光，前后佛像辉煌。此乃铜江梵刹之伟观！祖之苦力，其在是也。由我思之，纵有一粒一粟，犹不易得，况自徒手而能成之乎！苦积寒暑焚献而可敬之，资人情二理，竟到加（如）今毫无紊乱，念祖积聚，常住朝夕讽诵，永远报答四恩之义。祖前所谓国祈天长，非我山僧之务，明传四方，合郡皆知。兵部尚书统嘉勇公云贵总督部堂福，及各府禁谕朗存，于乾隆圣主龙飞之年，边乡宁静，黎庶咸安。忽于乙卯春，陡苗匪乱，两省中，中堂一营，秀山一营，铜城两省，共官军七百余人，飞临布阵，扎卡上抵本寺西岭石塘，下至蜡山、得胜坡，共设数十余里。然在一时之间，行粮欠缺，几妨军政。僧祖志立空门，苦积数亩陈粒，市斗数十价谷，虽不能任极军饥，亦勘解救无粮之急。集龙天常住，乃万步之香灯，寺捐去白米，无非以报皇恩，救济地方安静。数月，俟苗平拱服，官弁星散升迁，而我寺微捐，何能深达九重批阅。嘉庆八年，复又苗叛，府主郑饬借米石，出给示谕。寺前后捐出，总祈国泰民安，苦志流传，各自捐修，功成浩大。僧若不顾朽坏殿宇，丈六金身，万步龙牌，则香灯凄凉，栋宇颓败。假使坐观募化，众等谁肯布施一片之善。前僧后僧，口不堪言。俱已务作农工之业，布衣粒食，并无放逸之心。奈其寺内古刹，历来一无碑记，永乐年间，因岁值戊子兵变，遗失文契，山场荒疏，界限未定。有康熙、乾隆年来地方等、今则如棋之变。于乾隆八年间，胥、杨等占伯佛业，业去粮存，善弱无奈，日后由恐仍前，忽生异心之徒，侵伯无凭，恐佛业以作俗地。于道光十五年来，具讼不息，实微江豚浪涌叠叠，而今蚀陋僧苦，中流砥柱。十六年，府主徐，给照承允，寺内住持僧二人，管理三才，藐视阃守禅规，以致庙宇倾颓，田土当卖所有。十七年，地方等乌罗司长官正堂杨，批照分关，训教四庵僧人，各房支持，后伊等田土树木，一贫如洗。二十一年，二人等穷极忿生，捏词具讼，去三剩一，一无首士理论，二无公彰之言，所以寺今实实寒苦，碌碌千般，唯有一仁天可诉，高悬水镜，照破情由。住持僧广彻，请凭地方是主连界人等，踏踩山场、田土、分定界址。僧花甲半零，未知如何唯然所学。二十四年，协同地方绅耆人等，具实禀明，香资无措，国课无出。府主李，恩至厚矣，准给示禁界址在案，着即勒石，以照遵守，使后裔之徒愈加精进，苦力修持，无得败坏清风，堕落轮回。芳名流于后世，用成小引，是为序。

其界：东抵屯山坡，跟岭直上下两河口、双凤桥，又连地名干铜鼓与张姓连界，子岭直上大岭，交鬼板溪、大尖岭、直下望高凸滩湾段外，寺内得买胥正虎之业蜂背岭；抵胥姓土坎为界；南抵靛山坡大尖横；量大岭为界，直交广山；西抵寨朗溪沟，直上石家湾大岭登顶大梁为界；北抵老阳沟大岭，以岭直下水口为界外，得买胥遂臣之业崩土坎嘴岭分心与胥姓业以岭为界。周围四界分明，以为定例永远，勒石为据。

临济正宗第四十二世永兴堂释子兴崇，徒广善、广炉，徒侄广云、广寒，徒孙性健、性悦、性道、性达，曾孙常修、常蒿、常嶙。

儒士胥化行拜撰

匠士湖南彭班良敬刊

大清道光二十五年岁在乙巳四月八日合堂释子凭地方人等立

朝 阳 寺 碑

梵净山南麓朝阳寺大殿内，立有古碑 2 通。一通额题《谁其嗣之》，位于殿内左侧，为光绪乙酉科（1885 年）举人唐仁沛所撰。主要记录朝阳寺在经历咸同"号军"之乱和光绪刘满之乱后，寺院及诸佛菩萨化为灰烬，僧众风散云流，一派萧条，心常和尚驻锡此山，"振刷出世之精神"，不数年而庙宇焕然一新，诸佛菩萨、神像皎洁，较之从前，有过之而无不及。描写朝阳山的自然环境时，称其和梵净山"伊若太华之有少华焉"。记录朝阳寺的读音时候有两说，一说"取凤鸣朝阳之义，宜从二肖音韵"，当读"昭"；另一说"地向日出之先，当以四豪中音读之，乃符寅宾出日之义"，应该读"潮"，对研究梵净山寺庙历史具有重要的史料参考价值。碑文如下：

谁其嗣之

环梵净皆山也。而东南蜿蜒扶舆之气，磅礴数十里而下者，有朝阳山。林壑秀美，双江绕流，而山峙其中，高峻虽不及梵净，而佛头仙掌，层见侧出，俨若太华之有少华焉。昔人命名"朝阳"，建寺山腰。说者曰："取凤鸣朝阳之义，宜从二肖音韵。"又曰："地向日出之先，当以四豪中音读之，乃符寅宾出日之义。"是二说者，皆有至理，第世俗相传，从豪韵久，姑仍之，不复置辩。闻尝历其地，陟其巅，见其气静穆，其景清幽，其起伏回顾，皆星罗而绣错，不禁有出尘之思。及入寺，瞻礼佛像，凝视西方莲花世界，殆不多让。不幸小丑跳梁，寺院及诸菩萨俱为灰烬。尔时僧众风散云流，令人抚风景而慨之，忆遗迹而越慨之矣。方不识何人再辟莽榛而复旧观者。幸佛法灵应，有僧心常者，披云拨雾，振刷出世之精神。日积月累，工材鸠庀，不数年而正殿成。由是，次两廊，又次下方。规模较之从前，有过之而无不及也。且外修墙垣，内装佛座，若释迦如来、观音大士及十八罗汉、廿四诸天、韦陀尊者等像，又焕然一新。呜呼！诸佛菩萨信有灵矣，然非僧心常之致心皈命，百经险阻不及此。无知者每以嗜酒茹荤少之，独不思戒酒除荤，佛之似也；天真烂漫，佛之真也。于僧乎何少？且而志存久远，谓开于前，尤贵继于后。历年滋多，风消雨蠹，保不无倾圮之虞。所望有志佛门者，遇有缺坏，即为补葺。在僧固欲此寺之不朽，而亦欲以修建苦心，勒石示后，索序于余。余喜其志之有成，功之复旧，意之无穷也，而乐为之序。

乙酉科举人遇缺拣选县正堂唐仁沛敬撰

钦加同知衔候补直隶州正堂府学增生刘继业敬书

龙飞光绪十五年桂月上浣朝阳山立

另一通题《示不长也》，立于大殿右侧，光绪十五年桂月（1889 年 8月）立。碑文由三条独立的内容组成。第一条是：铜仁知府陶、僧纲司建月联合发布的一份面向全府寺院的告示，其主要内容是不许任何人以任何借口侵占寺院田产、寺院的所有产业，只准僧尼道士管理，不准原捐助人私自售卖，自禁之后，如有犯案到官者，随时按例惩处。第二条是：光绪七年（1881 年）住持僧心常重修朝阳寺庵院时，杀猪酬劳工匠，被地方土恶李连拐子等抢劫猪肉和钱物，具控到铜仁府，知府断结，除了追还被抢物外，还对李连拐子等作了惩办，并告示地方人等："尔等务须各安本分，不准诈冒混入该庵滋事，倘敢故违，定当严办。"这条内容细细想来，有些荒唐。和尚杀猪酬劳工匠，明显是犯了杀戒，被人抢夺猪肉，理应忍气吞声，不了了之，但他竟理直气壮地告到铜仁府，王知府就事论事，惩处了对方，并颁发告示。此举到底是有利于维护朝阳寺的财产安全，还是损伤朝阳寺的声誉，令人费解。更令人费解的是，此案的断结时间是光绪七年十二月十九日，此碑的立碑时间是光绪十五年（1889年）八月，相距八年，完全可以不把杀猪酬谢工匠的事刻上去。心常和尚作为重建朝阳寺很有功劳的一位住持僧，竟然把犯戒的事例刻于碑上，此事确实奇怪。第三条是关于朝阳寺的地界。从内容看，康熙二十一年（1682年）有施主李廷贵等施地一片给朝阳寺，同年，寺僧慧和尚购买了瓦匠田一块。由此看来，朝阳寺最迟始建于康熙二十一年以前。总而言之，这通碑的主题是第一条，第二、三条是立碑的时候便附刻上。碑文如下：

示不长也

署理贵州铜仁府正堂军功加五级纪录十次陶：

僧纲司建月为遵示请赏碑文事

尝者五帝三王，封爵立殿，四时丰享者，莫不因而致效之意也。其佛教一端，虽属西土流传中国，自唐宋始，各庵立庙与封之神祇并立，佑民于无二，以致阴则为灵，固彰彰在人耳目矣。民因佛法灵应，或舍田及土。或善僧捐创，其各庵观其粮田多则，数十亩，少一二亩。不数代后，有舍田土不肖之子孙，侵占以为口腹；不法之僧徒，赖此善缘为引异僧占倍，倍占僧难以枚举。兹本府莅临任铜郡，有任僧纲之职建月禀，查乾隆三十一年巡道司行禁例一条，内开应请旨饬部，通省无论有凭无凭，年远年近，所有檀越山主，一概革除，勒石寺门，永远遵守。此条虽有关考试一端也等语，查寺门捐助资产于庵院，本属乐施，何得竟将檀越名色侵渔霸占，滋生讼端。地方官如遇此等讼案，即应随时断结，以息纷争，应如该学政所请行出示晓谕。檀越名色，不许借有私据讦砦。其士民之土田建修之寺庙，但许僧尼道士经管，不准施助人等，擅自售卖。自禁之后，如有犯案到官者，准该地方官随时酌办，按例惩处，仍行勒石示禁可也。本府查案无异，除批僧纲司请赏牌文，颁行各寺，应如所请，前善之端，僧勒石永古耳，故序。

光绪七年住持心常重建庵院，被土恶等劫抢，具控铜仁府，蒙钦加盐运使即补道特授铜仁府正堂加十级纪录二十次王为示禁事。

照得土洞朝阳山住持僧心常具禀，李连拐子等纠众藉抢等情一案，当经提集两造人等到府质讯。因僧心常修理庵院，杀猪酬劳工匠，李连拐子等诈称施主，籍端抢夺猪肉钱物，以致僧心常具控前情。除将李连拐子等押追惩办外，合行示禁。入该庵，磕索滋事。倘敢故违，许该庵僧人指名具禀，或投鸣团约困送，尔时尽法惩治，各禀遵毋违，特示。

光绪七年十二月十九

计开告示

朝阳山本庵地界：上齐尖，下齐沟，右跟岭及上抵李姓界，左跟岭直上抵邓、李二姓界。康熙二十一年，施主李廷贵，全男文宗、龙、孙应麟、林仝白。

康熙四十一年，师祖慧和尚得买瓦匠坝田一契。东齐土地坳，跟岭直上三角椿，跟岭直下三岔河为界；南抵河沟，沿河直下，右边齐坳，沿坎直上腕塘沟；西北齐土地坳交界。载僧陛章粮二斗零八合二勺。

大清光绪拾伍年桂月朝阳山住持僧心常重修上下殿宇两廊落成，率徒成法、德、春等建立

护国寺残碑

碑立于光绪二十年（1894年），楷书阴刻，原碑残损，内容不完整。碑文除了描述梵净山优美的自然风光外，有几个信息对研究和了解梵净山的历史很有一定价值。第一个是"粤岭吴镇军月楼，俸檄来"句，透露出了梵净山护国营署的早期长官名叫吴月楼，岭南人，五月份来到护国汛，并"立武庙于署左，广培寺院"，此人对护国寺佛教场所的恢复发挥了很重要的作用；第二，"风峭，瓦皆铁铸"，说明当时金顶上弥勒、释迦二殿仍盖以铁瓦；第三，"相传有九皇洞敕赐碑遗迹"，说明当时梵

净山战乱初平，庙宇颓废；第四，取义名曰卓山，系指贵东道易佩绅曾经把梵净山更名为卓山，并在江口大佛寺址设"卓山书院"，但是"卓山"之名并没有在广大民众中真正推开。遗憾的是碑石残缺，难以统观。残碑余文如下：

　　诗有之，高山仰止，景行行止。余家省垣，或披梵山□□，粤岭吴镇军月楼，俸檄来。五月，余同公往镇山汛□□觐归，复如斯土，幸踵前缘。今夏，余偕幕友陈君寒□□，环望千余里，身若立云霄中，而后叹山之为灵昭昭也□□，取义名曰卓山。摄凤凰、龙头两大山之间，突兀奇壮□□……右竖梵宇，风峭、瓦皆铁铸，殿后平，石各一，大可丈□□……芝彦者，相传有九皇洞敕赐碑遗迹。群山峰环绕，若□□……纵合入楚，北面诸水，经恩邛江达于川。旧说山有□□灵池，水之奇也；马尾松、龙头竹，木之奇也；太子石、观音岩石之奇也。至若珍禽异兽，妙药仙花，怪怪奇奇，罔不包罗□□……

　　一物非奇观也。自光绪初，流匪窜匿，僧僚星散，庙宇凋零。陈公怡轩，廖公云鹏，云烟虬结，霎时开朗，耳目一新，移驻汛防。二公因倡建生祠，馨香图报。后吴公来□□……立武庙于署左，广培寺院，远至迩安。近自六月朔，香□□……渐盛，灵当不是过，余日与寒臣诸君赞赏不绝口，益信□□……

下茶殿碑序

　　下茶殿，位于梵净山金顶下，原承恩寺前100米余处，始建于明初，后毁于兵燹。数百年来，累建累毁，累毁累建。光绪年间，隆参和尚重修，更名镇国寺。建筑占地1100平方米。寺中有碑，素面，无横额，无题名，故以发现地址命名，高1.7米，宽0.98米，有文字27行，每行55个字，共1400余字，主要叙述隆参和尚事迹，清浪卫拔贡张鸿翮撰文并书。现保存完好。碑文如下：

　　尝谓天下有非常之事，必天下出非常之人；然天下出非常之人，必树天下非常之功。俱易得哉！我黔省之有梵净山者，为五属毗连之区，实群峰发脉之处。崔嵬不减五岳，灵异足播千秋。仰观有象，如登天之三十三；俯瞰无涯，但数溪之九十九。以彼之天桥荡荡，金顶巍巍，白云入怀，青霭可掬。偶然霁出岚收，初开混沌，不觉烟消雾散，别有地天。夫以山形宽阔，莫可量度，第其大略，可得而言焉。若乃周围七百，穿心三八，螺髻排列，羊肠九回。遥望崖壑千寻，层峦耸翠；只见药苗万簇，叠嶂垂青。则有石名太子，山号凤凰，顶开天门，峡破金刀。九龙池、万卷书，人迹罕至；懒板凳、回香坪，猿声时闻。三角庄前，一片祥光拥护；九皇洞外，几重瑞气回环。此皆黔中名胜，无非宇宙大观。时在明季万历年间，李皇后修行于此，肉身成圣，白日飞升，因之创修庙宇，满塑佛像，建立四大脚庵，凿开五方道路。敕赐镇山印号为古茶殿，而梵净山之名传焉。数百年进香男妇，时往时来，若城市然。咸丰五年，赵逆作乱，据山以叛，竟将诸寺烧毁，遂至片瓦无存，从此香灯冷落，人烟寂寞。同治九年，我地初平。有非常僧人隆参，早岁出家，先灵是效，削发晃州福兴庵，住坐铜仁东山寺，参禅司道，来开此山。果然一心皈依，何辞十方募化。由是道剪荆棘，路开蚕丛。复修回香坪、报恩寺。朝谒往来，虽不及从前之多，而渐推渐广。不料，光绪元年夏六月，正值朝拜间，有马鞍山贼首刘跛子，率领余匪数十人，身穿号衣，手执洋枪，假扮官军，伪称兵练，窜入此山，将进香男妇，偕事僧徒，概用佛帐，尽被捆绑，又以绳索系僧于钟钮，一一刺杀。将杀至僧，一阵狂风乍起，四面暴雨骤至，忽然绳索碎断，幸而逃脱下山。殆有天意使然，并非人力所至。当即集团安埋被害诸人，立刻禀告地方文武各官。匪徒日渐猖獗，人心愈以惊惶。数年为周围扰害，到处劫杀。兵来贼去，兵去贼来，虽有官兵以及团练，不得交战，终难济事。可怜环山居民，遭此劫数，杀绝者不下七百余户，杀毙者何止四千余命。僧视民如伤，嫉贼如仇，不辞劳苦，遂奔古州，具禀道宪吴、易，历委罗、邓、刘、曾各军攻击，未得殄灭，猖獗如故。僧又不惮跋涉，远赴省垣，具禀抚宪黎、臬宪林，又委向、任、夏、刘各军搜剿，亦未殄灭，猖獗仍如故。

僧为此贼，寝食不席，食不知味，叠次请兵，无计可施，再三筹划，有志竟成。五年五月内，闻岑宫保巡抚贵州，僧星夜奔至洪江，禀明此贼情形，各军计谋。蒙委卸任松桃厅主刘，统带五属团勇五百名。僧不避艰险，自愿带团勇五十名充当向导。八月十五日成军，日则环山搜寻，夜则扼要拒捕。九月初九，搜贼于大岩棚，力破贼巢七处，抢回民妇三人。十月初一，贼至罗坳，掳去妇女四人。十五，追至锯子山，将被掳妇女四人抢回，夺得洋枪二杆，枪伤贼首刘跛子，均皆计功在案。此刻，贼匪无处容身，昼伏夜动，不敢出现。十二月内，刘主丁艰卸事，复委统领安义镇何接办，改团勇为松桃协练军。僧仍带松桃协左营练军四十名，驻扎茶殿，作为沿山游队。六年三月二十七，贼至黄柏塘出现，枪毙匪徒二命。四月初七，生擒活贼六名。时值宫保亲临剿洗，面呈解送究办。岂知天心厌乱，人心思治，匪徒从此逃散，地方始报肃清，百姓方得快乐业。僧又禀请环山要隘，安设八汛，分布练兵，用垂久远。前后出力官练，大小因功褒奖。僧自思终身修行，不受一线皇恩之宠，保奏五属都纲，特开千古未有之奇。于是，重新募化，依旧修造，创修镇国、水源、明珠等寺，复修回香坪、明镜山各庵，新开老金顶，重整新金顶、九皇洞各殿。斯时，庙宇辉煌，神像皎洁，较从前尤甚；信善男妇，朝拜士民，比上年更多。不但止也，十一年，僧又开斋放戒，众僧公举方丈。每念环山居民，一旦惨遭大劫，诚恐杀毙者不能脱化，历年朝谒名山，以为受害者几番超度。此所谓有非常之人，树非常之功者也。此皆翙所亲见其事，而未尝虚赞一词者也。呜呼！若无此君之善策，我地何以乐乎升平，此山何以得之重整也哉？迄今回首当年，神人共仰；追思往事，存殁均沾。邀集同人，歌功颂德；相约五属，勒石刊碑，以志千古不朽云。是为序。

大清光绪二十二年季夏月吉旦

清浪拔贡张鸿翙谨序并书

梵净山禁树碑记

此碑文字摘自光绪《铜仁府志》1992 年点校本，原碑尚未寻到，亦不知立于何处。作者敬文，满洲镶黄旗人，道光年间曾历任石阡府、铜仁府知府，擅诗文。碑文主要是针对当时有人在梵净山伐木烧炭而作。主要强调梵净山是"仙佛胜境""黔中胜地""铜郡祖山"，应该很好保护山林，护蓄地方风脉。文章写得情真意切。综合意观之，主要在劝，而不在罚。全文如下：

梵净山禁树碑记

梵净山何为禁树也？余守石阡郡即知其地为仙佛胜境，说法、拜佛之有台，定心、九龙之有池，前人之述备矣。洎守铜仁之明年，观城南双江会流处，询之邦人士，曰："斯二水发源于梵净山之分水岭下，一支出大江，省溪司江口达于城；一支出小江，平头司瓮济洞达于城。"余喟然叹曰："当观吕氏祖□释万贡随山之义，谓随山脉络，相其水势，以浚其川。是知水源所自，即山脉所发。斯山固铜郡祖山也，不亦杰哉！"且余重有念焉者，初余莅郡，谒诸大史，询公事毕，即曰："铜仁梵净山，惟黔中胜地，名山大川，识斯土者所有事，子往兹土，曷加意焉？"于至郡，值岁暮冰雪，未及一识山灵。今春于役松桃，曾于车中望见，写诗以记。亟思公暇登临，所谓千里风烟，一览而尽者，俾得骋壮护而舒远眸。且因以省吾民焉，亦守土事也：适邦人以无知民某某，近于斯山积薪烧炭，具状来白。余止之曰："十年之计树木，况兹崇山茂林，岂可以岁月计，宜止焉。"戒勿伐，弗若焉，未可也。嗟呼！草木者山川之精华。山川者，一郡之气脉。自兹以往，峨峨而岩岩者，其山也：郁郁而葱葱者，其树也。尔雅曰："梁山，晋望也。"梵净山为郡治祖山，不当作如是观乎？后之君子以为何如？因书邦人，勒诸石，永以为禁。

剪刀峡摩崖

　　摩崖位于梵净山西北麓剪刀峡道旁，刻于明万年十六年（1588年）八月。长0.9米，宽0.7米，楷书竖行阴刻112字。摩崖年代久远，长满青苔，风雨剥蚀极为严重。剪刀峡又名"舍身岩"，海拔2100米，是西上梵净山的必经之地。此碑是研究梵净山开发史的珍贵资料。摩崖文字如下：

　　湖广镇远征板桥屯念女，舍资财，此日化缘，信善余刚，同男余嘉茂、余嘉古、余嘉录、余嘉训、余嘉注、婿黄德平、女余氏，右既一家眷等，且余刚人人清泰，寿命延长，土地起工，舍身岩小尖山下，至处起至凉水井止。修路用工：雷应德、冯邦成、录应春、王仲海、高应成。

　　　　　　　　　　　　　　万历十六年八月秋。化主杨洪德

复建天池堂碑

　　碑现保存于护国禅寺内。梵净山玉带石质，长0.86米，宽0.36米，厚0.36米，楷书竖行阴刻。清同治十二年（1873年）四月天池堂僧众立。碑文记录了同治三年（1864年）冬十月，贼兵入山，殿宇灰烬，片瓦无存。天池堂住持比丘僧性印和徒侄常庆相，率领本堂两序僧众，出山募化四方。是年冬，创竖大殿。同治十一年（1872年）重修廊序、楼阁，重塑佛像。碑文如下：

复建天池堂碑

　　同治三年甲子冬十月，贼兵入山，殿宇灰烬，片瓦无存。越至庚午岁初夏，住持比丘僧性印仝（同）徒侄常庆相，率领本堂两序僧众，出山募化十方。是岁冬，创竖大殿；壬申并廊楼阁，重佛塑像；癸酉夏修建神座。以坚久远，略志颠末于石。

大清同治十二年癸酉夏四月天池堂僧众和南谨志

石匠何显仁、任光忠镌

金顶摩崖石刻

院道摩崖：位于金顶半山腰。高 0.62 米，长 0.92 米，摩崖上方从左至右楷书横刻"院道" 2 字，正文从右到左楷书阴刻竖排，没有落款时间。时间大约应在明万历年前期。摩崖内容显示，当时有印江县里老杨再运等向上级反映梵净山的情况，引起各级政府官员的重视，责成印江县雷学皋派人到梵净山查看后如实汇报，反馈的结果是梵净山"委系古迹名山"。于是叫印江县颁发火牌、告示、帖文招募人员开砍道路，起竖庵殿，以利朝觐。从"委系古迹名山"等字分析，梵净山顶在明万历年以前已经开辟，此次开砍道路，起竖庵殿，实际上只是一次重新开辟从印江上山的道路。全文如下

印江上街里老杨再运具诉。上司察院蔡、都清道曹、抚苗道杨，总批印江知县雷，差委官义民王踏看，回呈委系古迹名山，申明详允。批准本县给颁火牌、告示、帖文。承招善文，开砍路到（道），通行朝觐，起竖庵殿。招善士杨洪德、陈普庵、杨万林。

若有人损坏一字，承当经十部。南无阿弥陀佛万善同归。

新修观音殿碑记：位于金顶山腰观音殿旁，高 0.68 米，宽 0.51 米，额题"功德意善"，碑题"新修观音殿碑记"。刻于清雍正六年（1728 年）。碑文由印江县生员戴法贤题写，记载向文沵、邓维梓等人组织修复观音殿的情况。从碑文"自我朝敕封以来"句分析，明万历四十六年（1618 年）以后，清朝政府曾经在雍正六年（1728 年）以前，再次"敕封"过梵净山，具体敕封的时间，还有待进一步寻找资料查实。碑文如下：

梵净山自我朝敕封以来，尤称黔州之佳境也。唯有半山之岩穴为观音所居之地。因风雨飘摇而金身渐颓。有坐净人往往见金身而显像，对匠人向文沸而言谈，向彼欲一人而修殿宇、砌石栏、盖石瓦，因年岁凶荒，一人不能独成。有邓维梓等募宇维新矣。其外培砌，在于化主法慧垂功也。是为记。

领袖：邓维梓、张国忠、杨正祖、王朝申、廖抢、戴兴予。

思南府礼部员外安修德助银三钱，安永圣一钱六分。

率徒印江县人严番。

大清雍正六年戊申甲岁秋月吉立

印江县生员戴法贤题

天桥碑记摩崖：金顶天桥，位于弥勒、释迦二殿之间的金刀峡上，始建于明万历初年。原先是架建木桥，凌空万仞，狂风呼啸，晃晃悠悠，过者莫不胆寒。康熙八年（1669 年），承恩寺僧人智修、德果等，四方募化，在金刀峡上修建单孔石拱桥。桥长 5.4 米，宽 2 米。桥成后，于山腰石壁，镌刻《天桥碑记》摩崖。根据当时的条件，在金刀峡上修建石拱桥，须从山下将每块重达 100 余斤的料石，手足并用，攀援升梯，背负至金顶，然后在迷雾狂风中凌空架桥，其工程之艰巨，难以名状。非至诚之信，艺高心灵者，不敢问津。天桥建成后，不仅给人们登山礼佛架设一条凌空飞度的天梯，也给风高气肃的梵净山增添一道神秘而壮丽的风景线。摩崖文字如下：

十方众信，善男信女，共同资助重修天桥，施财众姓，增延福寿，多子多孙，万代富贵。

募化僧：智修、德果、徒行常、行广，徒孙福崇。重建山主□佛徒智通、智明、智清，法孙□智，□法、□印、曾孙行真、行拙。□同□□进、□贵、恒修、通明。助缘：彭文年、胡老三。石匠师傅：肖□凤。

岁次己酉年五月二十七日吉旦

金刀峡碑：位于金刀峡上方，定心池附近。宽 0.38 米，长 0.5 米。立于道光十九年（1839 年）六月。碑文记录思南府安化县张庆贵和夫人简氏，发心修培梵净山险路的情况。结合坝梅寺、天马寺的碑文来分析，这段时间是梵净山香火比较兴盛的一个时期。碑文如下：

> 思南府安化县任洞解众都居住信人张庆贵、室人简氏，发心修培梵净山灵山险路，祈保童男正云，长命富贵，易长成人，关煞消散，禄马扶持。

道光十九年六月吉日修立

重铸金顶铜佛摩崖：位于金顶山腰石壁，刻于清咸丰二年（1852 年）六月。碑文记录明万历年间，梵净山金顶曾经有铜铸佛像 2 尊，一尊为弥勒，一尊为释迦，系云南督臣奉钦命铸造。道光二十七年（1847 年），弥勒佛像不翼而飞。咸丰二年（1852 年），在铜仁府城开店的辰州府沅陵人氏彭业贤等，组织捐款，重铸一尊弥勒佛铜像，并增铸救苦观音像一尊。这处摩崖的发现，为我们弄清楚梵净山金顶弥勒、释迦二佛以及山腰救苦观音铜像的来龙去脉提供了明确的依据，是研究梵净山"弥勒菩萨道场"的重要史料。文字如下：

> 盖思人生幼小，全靠父母养抚，成人，全赖佛天保佑，是以祭祀。上自天子，下至庶人，莫有不不祭祀佛天神者祗也。此生成佛地，自明朝敕封仙山，钦命云南督臣铜铸佛祖二尊。道光二十七年，弥勒佛祖失见。本月夜扬金鼎，梦佛命我成之。是以劝化众善，重铸铜弥勒佛一尊，救苦观音一尊，保佑国泰民安，永无灾难，是以为序。

> 望后善修造佛殿是幸。承首彭业贤都酉辰州府沅陵县人氏，在铜仁府城开店，劝化大善功德难逮芳名，故列首事，但出功德者，佛必佑之。

皇清咸丰二年六月

金刀峡碑：位于金刀峡中部，宽 0.32 米，高 0.42 米。详细罗列乾隆五十五年（1790 年）松桃长兴堡善男信女 16 人捐资修筑金刀峡的情况。

此碑对了解乾隆年间境内普通民众对梵净山的崇敬和对寺院的一般认捐数额情况具有参考价值。碑文如下：

长兴堡众等列名于后

姚秀岚乙两五钱，谢田氏五钱，杨国柱乙两，杨绍富乙两，李张氏乙两，李胜兰五钱，姚胜聪五钱，姚秀达五钱，姚朝俸五钱，杨胜举五钱，向世举五钱，吴昌隆一钱，藤具忠二钱，宋德万一钱，李鳌一钱，杨正奇一钱。

乾隆五十五年六月

禁偷铁瓦摩崖：此摩崖位于金顶山腰，刻于民国 9 年（1920 年）6 月，记录镇远县万福香人氏梁国臣偷取铁瓦一块，被人拿获，组织他们来梵净山朝山的香首田万兴知道理亏，同意罚梁国臣出钱 1200 文，勒石儆戒。此崖透露出人们对梵净山铁瓦的崇敬心理和当时的管理方式。此外，梵净山铁瓦还有一个平常一般不引起人们重视的功能。自明清以来，史料中从未发现梵净山上发生雷击事件记载，因此，不少专家认为，梵净山的铁瓦具有一定避雷功能。摩崖文字如下：

金顶铁锡瓦不准人偷窃，倘或有犯者，神明定处决。时有镇远县万福香有一梁国臣偷取铁瓦一块，被人拿获，伊香首田万兴自知理虚，罚伊出钱一千二百文，列石儆后。

次日，又沿河司有一张香首仍蹈此辙，众欲送官惩戒，香众哀求免究，自愿出钱三千五百文。列石刻碑，免后效尤。特此谨白，远近周知。

民国九年六月谷旦立

坝梅寺修路碑记

碑位于梵净山西麓坝梅寺侧水碾边，高 0.86 米，宽 0.55 米。立于清乾隆五十年（1785 年），现保存完好。详细记录坝梅寺僧 14 人捐资修建道路的情况。从碑文内容来看，这实际上是寺院号召本寺僧人出钱修建本山道路，事成之后，勒石以记之。对研究乾隆年间梵净山的寺院经济具有一定的参考价值。碑文如下：

修路碑记

尝闻履道而曰坦坦，山径而曰溪间。则履道之不同于山径，而且在古刹之前，而可以溪间而不使之坦坦乎！余等出入其间且举步艰辛。各出孔方，共襄其事。路梯无跻，工成勒石，是以为序。

本堂和尚上菩下□出钱伍百，□□出钱伍百。

应芳四百文，应慧七百文，应龙七百文，应通乙百文。

纠领：乾清贰百文，一清贰佰文，□云贰百文，元一九百文。

纠首：慈云九百文，山济贰百文，松清贰百文，昙云贰百文。

大清乾隆五十年六月望吉旦立湖南石匠李远□

天恒禅师墓塔

墓塔位于梵净山西麓坝梅寺旧址，塔名"曹溪正脉三十三世本师天恒和尚之塔"。塔已毁，碑铭仍在，因恒碑立于康熙二十五年。碑文纪录天恒俗姓朱，生于明天启七年（1627年），圆寂于康熙二十年（1681年）。早年在九龙寺出家，后来长期在梵净山承恩寺驻锡修行。后来得"半云禅师印可"，成为曹溪正脉三十三世、梵净山一代高僧。碑文如下：

梵净名山性佛天恒禅师塔铭

天恒禅师乃本省思南郡邵家桥朱氏子。自幼于本境九龙寺投师出家，及至披剃，未几，直至梵净，幽居三十余年，竟不逸足。素行清洁，不染六欲之尘；道眼圆明，顿觉一乘之路。于庚戌春，远备舡只，修启尚人至楚，恭迎老僧，乞受毗泥。吾故不吝锡临山，于四月朔日，开演戒坛，至初八日，秉受具足，而至后于半云禅师印可。应缘生于太平之日，五十四年住世报尽，终于世乱之际，一旦撒手归西，尔我隔居三百里，时至存亡两不知。适有雉发弟子空如，远来乞吾塔铭。老僧即握笔示云："尔向这里道得一句，与尔塔铭去。"如作礼云："伏乞老和尚慈悲！"老僧书示百千法门，无量妙义，一一皆从老僧笔锋流出。若能向此识得根源去，方知万象森萝。一法支所印更不拟。湘之南，潭之北，内有黄金充一国，无影树下合同船，琉璃殿上无知识，隔山人听鹧鸪词，调转葫笳十八拍。为此表记，斯语铭碑千古，永遗后世矩则。

诸山：深修、雪波、离尘、□运、法安、惺觉、慧惺、觉海、本初、知玄、无生、德容。

孝徒：智明、智修、善果、智专、智权、智亮、智林、智净；

徒孙：德法、德印、德祥、德成、德照、德深、德度、德卉、竟念。

侍者曾孙：行真、行常、行定、行广、行拙、行灿、行阔、行贵、行洪、行惺、行文、行足、孙末、福通、福登、福一、福光、福荣。

孝侄：智镇、智鉴、智镜、智诠

道长：行容

中华天隐道人题

天运辛酉岁吉旦赞书

明然和尚墓塔

墓塔位于梵净山金顶下，海拔 2150 米，是梵净山区域迄今为止所发现的海拔最高的一座坟墓。坐东北向西南，通高 4 米，塔基 3 级，呈正四边形，底边宽 3.15 米，塔身级 5 层，短檐翘角，系五层六角攒尖顶式石塔。墓塔正面正中刻有"宝藏"二字；右面题头："皇清康熙伍拾伍年岁次丙申孟秋吉旦。香林寺嗣法远悟、远空。比丘佛宝。"左面落款："传妙玄祖第七嗣法孙海澄"及其他 15 个僧人的法号。

塔旁有碑一通。额题《脉源宗谱碑记》，碑题《梵净护国寺明然尊宿塔铭》，竖于清康熙二十八年（1689 年），碑高 1.7 米，宽 1.03 米，圆首，素面，楷书竖向阴刻。碑文分序文和附文两个部分。碑文如下：

脉源宗谱碑记

梵净护国寺明然尊宿塔铭

传临济宗破山明祖下第三世香林嗣法座兄寂昆楚岳拜撰

尊宿明然，讳如泰者，乃故明舅李妙玄无世孙也。妙玄为神宗椒房雁字，心厌荣宠，喜浮屠，遂隐于黔思、铜之麓。因见其山幽异，峭拔迥常，审之古籍，乃得山名为梵净也。已而当道者觉，以状奏闻。帝遣尺一为建刹。所谓古梵净者，鼎而新焉。

夫灵境既辟，圣神昭显，奇生异作，海宁振摇。凡滇、黔、楚、蜀人，莫无不争趋朝睹。自明迄今，迨有载。是梵净其所始于妙玄者，以此纪。自玄师寂后，传嗣彻空圆通，通传德庵明惠。惠传宝山真贵，继贵则明然尊宿也。

尊宿生性朴素，多闻不务巧异，不趋势，不衔名，一味守正持中，从容自得，冷座岩谷，。朝则枕白云于松头，夜则采明月于溪畔，相与猿俦鹤侣，不复问人间事。

嗟呼！红尘中逐于富贵利达者于此谢足迹，又安知尊宿之道德受用乎！且尊宿意自无求，而所从者众；志不要誉而崇者多。其法属枝延，又何计祇园千二百之数耶？呜呼！以道德真实立身者，舍尊宿而谁归？尊宿世寿生于万历庚子冬十月朔十日，华年七十有六，僧腊四十有三，圆寂于康熙丁巳仲冬之二十一日，跏趺告众而化。门下家孙海澄，奉薪茶毗塔于梵顶之下，是为末后光明幢也。

尊宿孙与余为莲社友，心知最久，每述其由，征余为言，泐之贞璧。余揣固陋，卸之不允，因述其实而为之铭：

梵净之始，鼎于妙玄；玄之五世，嗣传明然；次第承禠，迨有百年。然翁朴素，以德自全。不迁不贰，与道同蕃；孙枝眷属，蔓引瓜延。心宗月皎，禅脉渊源。永哉法化，万古其传。

传开山钦命僧妙玄下第五世玄孙示寂师公明然和尚觉灵之塔。

历祖墓记：圆墓于九皇洞；明字墓于木黄场老寨脚下；真字墓于铺

前脚下；如字墓于本塔；性字墓于印江小宅沟行祠庙前。

香林嗣祖法兄寂昆撰文。

印邑僧首禅兄悟成缮文。

本宗谱下，明字分支：徒真祥、真贵→如海、如泰。

如海→性空→徒海意、海潮

性晓→法徒海阔→徒普观、普汪、寂受、寂玉，徒觉洪、昭宗。

性亮徒→海澄→嗣人普圆、真一、寂超、寂林、普佛、真洁。

又圆字分支下玄孙性体徒→海权、海光、海润法派→洁清、净道、德圆、明真。

性海→寂昭、普通。

法派：智慧清净，道德圆明，真如性海，寂照普通。

斯谱递传，后裔子孙出□立宗者，添入其上。又，祖墓数处，恐有人亵危，故者当照修理。若有远年异徒，常回护顾，示昌隆也。

康熙贰拾捌年岁巳巳季冬月二十二日谷旦

孝孙海澄敬修镌立

证觉修禅师墓塔

墓塔碑位于梵净山西麓坝梅寺，塔毁，碑存。塔名《梵净山承恩堂证觉修禅师塔铭》，立于清康熙五十七年（1718 年），系承恩堂传临济正宗第三十九世嫡徒德参所撰。根据《塔铭》所载，禅师原籍湖南常德桃源县人氏，俗姓杨，从小得闻梵净山之名，便一心向往。康熙丁未（1667 年）秋，来到梵净山承恩堂出家修行，后来在江口香山得圣符和尚受戒。之后住持承恩寺，说法二十四年，成为梵净山一代高僧，影响甚巨，从者云集。康熙丙申年（1716 年）坐化，寿年八十。碑文如下：

梵净山承恩堂证觉修禅师塔铭

师现相楚南常德桃源杨公子者子。自性不昧，幼闻梵山名，及壮年志坚，康熙丁未秋，径叩祖芦披……天姿敏捷，道学超群，得戎香山圣符和尚，定慧清高，不亢上品，未几，于康熙癸酉春，遂嗣法遵义府松丘堂上藏下天和尚祝发，大振宗风，光辉祖道，堂堂正正，说法二十四年，遐迹诸方，宰官护法，善男信女，乞法皈依，付属□芳济……五百人，禄鹤龄寿□八十，应眉垂化于康熙丙申冬朔八，跏趺示寂，付偈。偈曰：

> 竖拂承恩堂，手眼现大方；
> 吾今归去也，两目露金光。
> 心摄大千界，鼻传海底香；
> 印尔诸佛子，续我法中王。

端然而逝，嗣等侍侧，录偈□□……百众□见师心，竟实般若，浩浩大道，佛恩国恩，并全报矣。来去分明，信师果得，是以捐金合众，诸方弟子，远途□□……明月告竣，命工刻石，标榜型仪，昭垂万古，如斯奕□，千世不朽，表碑代卷云尔。

今将护法、嗣法、诸山皈依善信僧俗弟子胪列雁行于上。

□□……

临济正宗第是三十九世嫡徒德参薰沐拜撰

康熙五十七年戊戌春三月望日立

月盛全禅师塔铭

墓塔位于梵净山坝梅寺旧址，塔已毁，碑犹存。碑高1.50米，宽0.85米。额题"大圆觉岸"，碑名"梵净山承恩堂月盛全禅师受生塔铭"，系临济传第四十世嗣法嫡徒崇深撰写。碑文纪录禅师原籍石阡府鬼野屯人氏，俗姓许，自幼不贪浮利，常存向善之心，是真正的"灵山种"，生卒时间不详，立碑时间是"康熙五十九年（1720年）岁次庚子中元南吕月吉旦"。康熙四十年（1702年），来到承恩堂，拜大觉道和尚为师，剃发出家。康熙四十三年（1705年），建腊八戒坛，具授三衣钵杖。康熙四十四年（1706年）继承本寺住持。剃度弟子数十人，皈依千百余人，宗通大振，实为梵净山一代高僧，圆寂后，其徒子徒孙，为他造塔修墓，以报师恩。碑文如下：

梵净山承恩寺月盛全禅师受生塔铭

吾师始相现于石阡府鬼野屯，许公长者之子，自幼不贪浮利，常存向善之心，去情息妄，禁恶止□，却是灵山种，自心不护浮涂。师于癸酉岁忽闻梵净之名，乃天下名山之首，外省却来朝叩，况本省而无朝谒之心。师心径诣名山，视之山景秀丽，一如西方，真是修行之佛地也。连朝数次而无厌倦之心。师实于壬午年，足至承恩堂，叩礼大觉道老和尚，剃发出家。师言：善哉！可尔。见汝连年朝谒，鲁无干断之心，覆自念言，此子性心□的后必有向上一乘。择期触发，合众超群，乞领三皈，更除俗类。又于乙酉年，建腊八戒坛，修□缘之佛会，具授三衣钵杖，永为绍隆祖位，嗣法于丙戌年。接诸祖之余脉，续后世之传灯，事后开堂教化，大振宗风，说法利生，朝参夕课，内外坚持，晨钟暮鼓，德行洪彰，剃发□□……数十余众，皈依千百人。师行终日，乾乾为众，晨昏济济，其接也，如冬向日，兀爱徒□□……敦敦教诫，念不提携，恩似泰山，无能报答，弓下之恩莫过师。纵是终身道行，只可□□……各自捐资，纠功勒石，修莹报答。前建西域之宝塔，后措吾师之舍利塔，实逐一成□□……

法兄德清、德参、德广、宗友松成、用明、松应。嫡徒崇玉、崇性、崇深、崇泽、崇周、崇行。侄徒行实、崇智、崇秀、崇权、崇惠、崇义、崇远。俗徒崇法、崇福、崇圆、崇宽、行仁。徒孙福心、福能，侄孙密祥。宗兄德聪、德贵。诸山性容、明空。

临济传第四十世嗣法嫡徒崇深薰沐拜撰

皇上康熙五十九年岁次庚子中元南吕月吉旦立孙尔直刻造

月意参和尚塔

塔位于梵净山西麓坝梅寺侧，系月意参禅师寿塔，即造塔时月意禅师还健在。四级，中间空心，尚存。塔前镶有碑，竖刻："临济正宗三十九世上月下意和尚铭塔。"两侧有联云："德同山岳，道观古今。"塔后有碑，名《梵净山承恩寺堂月意参禅师长生塔铭》，作者的身份和姓名不详。通过文字分析，作者可能是本地一位有文化的军官，对月意参禅师比较了解，也很钦佩。康熙丙申年（1716年），师祖圆寂后，月意禅师直接继任师祖职位，成为承恩堂住持。由这一点也可以看出，当年承恩堂的兴盛，也与其用人制度有很大的关系。碑文如下：

梵净山承恩堂月意参禅师长生塔铭

其源系思南府安化县瓮龙甲瑶都坝罗公之子，自幼不昧真灵，坚心慕道，轻功名，如□□……于巳乃春，离尘脱俗，皈依承恩堂道和尚，雉发为徒，聪自性生，闻言即悟，佛慧双修，实为真佛之也。后于丙申，续法入夹涛，施济众，普乐□裹，于是为序。

予自征途远归，偶至梵刹，目及善士云集，徒众趋承，运石搬泥，肩摩接踵，兴土造筑，如蚁赴膻。余询曰："作何功果？"众答曰："人生幻泡，屋漏防迁。"勉余为文，谁曰不宜？斯人也，禅林达士，师美其能，幼而敏慧，长而仁慈，无忌无荒，口不绝经，念兹在兹，礼会三乘，太师脱颖，衣钵继承，数载方丈，不骄不矜，待众接物，无我无人，食不自私，衣拂独温，途人戴德，内外沾均，长生宝塔，避奉同心，不愧俚言："万古佳城。"偈曰：

> 法子徒孙满大千，钦崇师范道则天；
> 德重哪知山岳厚，恩深谁识海渊宽。
> 卧云枕水心田静，点头乱堕为多言；
> 难报师德修宝塔，愿祝长生万万年。

谨具僧俗法眷胪列于下：□□……

皇清雍正二年甲辰岁季冬月立

松青和尚塔

塔位于梵净山西麓坝梅寺。塔毁，碑村。碑通高 1.6 米，宽 0.8 米，碑心高 1.7 米，宽 0.7 米。额题："祖荫明馨。"正中竖题："传临济正宗第四十世上修下善松清老和尚寿生铭塔。"碑文题《敕赐梵净山承恩堂松青和尚寿塔小引》，立于清道光十年（1830 年）。从碑题中的"敕赐"二字分析，梵净山可能曾于道光年间得到又一次"敕封"。若如此，则梵净山于清代至少曾得到过三次敕封。第一次是康熙年间，第二次是道光年间，第三次是光绪年间。碑罗列徒侄、侄孙等共 85 人的法号和名字，是梵净墓塔中罗列的名字最多的墓碑之一。因为当时松青和尚还健在，因此碑碣中没有同辈和诸山戒友的名字，由此可见，当时的承恩堂僧人至少有 100 人左右。碑文如下：

敕赐梵净山承恩堂松青和尚寿塔小引

众称云：禅师松青者，梅院之苦行僧也。俗属思唐詹公三子，少时不荤酒，中龄默叩灵山，祝发承恩，皈依应芳，得戒懋琳，传授衣钵。性简默寡言，笑呐呐不出于诸，然予方丈问答之际，较之先辈，莫不若合节节。此岂世祖所谓生来一字无，全凭心地用功夫。苦练真修，遵守戒律，想其性天活泼，静观有德从来淡声稀，之后守我真无，于音沉响绝之余，闻兹妙道，故有此幡然觉悟也。庚寅浴佛日，鸣钟升座，召其徒，廷请大众，谓曰："流光易逝，人寿几何，梅溪之侧，云水行窝，禅机寂静，顾于怀，予将罄我帛囊，建一寿塔，俾异日屯穸于兹，君以为可否？"大众曰："然！师言甚善！"黄鹤不返，杯渡何年，夜月归来，谁曾相识，与其正首邱于防殁后，何若营兜于生前，将见异日者，樵夫牧竖，过客游人，亦得向荒烟蔓草间指而叹曰："此乃情师埋骨处！"则此片碑拳石，不庶几与江上清风，山间明月，共有千古也。耶！因作歌以赞。歌曰：

> 铁牛耕破古荒丘，米大乾坤撒手丢；
> 自去自来云里鹤，无限无蒂水中鸥。
> 沧海外碧山头柱，挂杖茫鞋到处游；
> 从今打破虚空界，界任梅溪水自流。

徒侄：心传、心念、心平、心宽、正明、正光、正耀、正佑、上智、心学、心福、心显、心引、心照、中国、中荣、心定。

徒侄孙：纯权、纯镜、纯持、纯庵、纯清、纯参、纯座、纯璨、纯海、纯孝、纯宗、纯彩、纯峰、纯梵、纯净、纯澈、纯畅、纯亿、纯杰、普意、普惠。

曾孙：觉照、佛尴、必顺、必照、必书、必得、必高、必聪、必相、弘梅、必然、必源、必桃、必乘。玄孙扶梅。

法孙：乡念、香林、香灯、香净；法曾孙：惠周、惠玥、惠祥、惠志。

尼徒侄：正性、正悟。堂法侄：心明、玉元。

嫡徒：正德、正玉、正志。徒孙：纯念、纯岳、纯礼、纯护。

曾孙：弘通、弘扬、弘魁、弘让、弘轩、弘彻。

大清道光是年岁在庚寅孟夏浴佛良辰众立
石匠：李大进、李大清、李大朝、李大援

海阔慧惺禅师墓塔

墓塔位于梵净山西北护国寺前 300 米处，原为墓塔状，现为圆形土墓，坐东向西，旁有散落的塔帽石块。墓前有碑，青石质，高 15 米，宽 0.6 米，碑座高 0.2 米，厚 0.1 米，碑首削角，素面楷书阴刻。额书"化城宝塔"，正中阳刻"传临济正宗破山明祖下第三世香山嗣法圆寂大师悟惺和尚觉灵塔"，康熙二十六年（1687 年）立。碑题为《梵净山天池院海阔慧惺禅师正觉塔铭》，由其法弟海澄法师撰写。碑文如下：

梵净山天池院海阔慧惺禅师正觉塔铭

辟梵净山妙玄下第七世同雉法弟悟惺海澄薰沐拜撰。

古释夹夫人，深耐鹿野，一石世真，调御士，指道蚕丛，聚林少室渊源，领词承褫，郁郁生香，传化圆石。如得意，起宗猷，已极先声。克家训凡，今寝挥颖后景方，斯后五百年流姿，然如今日计，凡诞迹于天启甲子季春，其生八英，卯逻散彩，四野瞻明，承汴州南阳唐县桐柯崧山陡峰，为世溃，逐消烟，时氏蜀东茶陵杨氏嗣也。嗟夫！英豪柯梦，荣染炫名，不杰俊达，一旦解丰，脱红尘于嵩山之野，抛习气于淮海之湘，遍访名贤.不藉寒暑.迨今顺治庚子秋，辜生愿也。得济见空性晓师，求名海阔，宛然凉耳。见空师者，乃传辟梵净山妙玄之末也。始祖圆通作，传德庵明慧，慧传宝山真贵，贵传明然如泰，泰传见空本师也。从侍师命于鹿野岩中，熬岁月，频添性水煮泥丸。忽壬寅春，闻思唐王公镇台，请师圣符，符乃破山明祖三世嗣孙也。众记诣归，宗通大振。吾当近座，受具请语，乃得"无字公案"。领契忘宫，澄潭意戒，忽日闻仆作偈云：

憬然透出千峰外，似日平波万水源；
方识佑禅崛起处，欣欣落沐返荣蕃。

师词勘辨，繁不注录。后得证于慈，嘱联芳于亿世，嗣名行界，受行正令，当台击破诸人脑裂，善诱徒人，盖有邸园继世之嗣一也。尔时，颐然正报，适值皇清丙寅年南吕望壬寅时，跏跌顾诸门人，示书偈曰：

六十三秋巳，飘然迷到家；
徒无佛法碍，继祖渡庐花。

瞟揩而寂，夫诸涕夷.梁木已摧，餐听法言，无不咨询。在世六十有三，僧腊二十有七，门下家徒寂隐寻，奉薪荼昆塔天池院。述其由，泐之真壁，示末后光明幢矣。铭曰：

梵净之始，辟于妙玄；玄嗣七世，海阔荣缘。

香山授法，日月同坌；天意慧命，述征遗源。

流迁不贰，蔓衍枝繁；既令窀穸，镌壁永季。

惟吾兄化，再继抵园；降意芳春，同道弘禅。

憨尘斯现，徒辑神旋。

传临济正宗破山明祖下第三世香山嗣法圆寂大师悟悝和尚觉灵塔。

原奉院和尚慧悝同友行觉海澄共置田粮一旦二升四合一分；得口口……田二分粮共三升，一营脚石陇河对面，一分粮一后杰普德，了原去党退，四田临苑口口……冯文腐母子舍并买钱两共载交口口……一同照，当世承昌，登其三友，同香山嗣法和尚，以癸卯年重殿置；举次异当年口口……各住其悝，和尚闲司，请住右，禅院其二友，新叙同歹修寺，开业作按众之居也。如上数口口……

发弟：陈宽，焦行坚，陈行径，刘采。

山主：舒登高、舒登榜

发徒：张宝、田普真、张普亨、张明、李正、任亨、余普明、卢普和、李仁、陆升、年明佛、曹碧莲、陈全朝、任寂忠、代普德、张普桢、余口、邓口口、任口口、李口口、扬口定、张口普口口……

法徒：寂壬、鲍、迟、明、伍、口。

法孙：照宗、印、性、口。

传临济正宗破山明祖下第三世今建天池堂嗣源嘱法本师圣　口口上道下越大和尚思建，同堂法友繁多不禄。

康熙二十六年丁卯岁春朔社口口……日吉旦，门下嗣法座元开众等口口……勒石永记口口……书辕周三汲同立。

正德禅师塔铭

碑现存于梵净山西麓坝梅寺侧旧水碾边，高 1 米，宽 0.43 米。墓塔不知位于何处。碑额："表留云迹。"正中竖刻"传临济正宗第四十一世上正下德老禅人之营墓"；碑题《敕赐梵净山承恩堂中道和尚宝塔小引》。

在坝梅寺的众多碑塔之中，乾隆、嘉庆年间的碑塔，没有发现"敕赐"的字样。而道光年间连续出现两通刻有"敕赐"的墓碑，一通是松青和尚塔，一通是正德和尚塔，松青和尚是临济宗四十世，正德和尚是四十一世，正是清代中期承恩堂最兴隆的一个时期。碑文如下：

敕赐梵净山承恩堂中道和尚宝塔小引

尝闻督鸿渐问于无住禅师曰："云何不生不灭？如何得解脱？"师曰："见境心不起，名不生。不生即不灭。既无生灭，即不被前尘所缚，到处解脱也。"存曰，原命生于乾隆癸酉年三月初四巳时，生于铜仁府提溪司凯土洞桥场坝生长人氏，享受阳光七十九岁，不幸因老告终，缅维正德大师。原系铜郡名裔清河之根，真灵不昧，故假尊崇氏，皈依东土禅宗，受知修善，得戒密空，脱离尘俗事皆空，真是佛家万像之种，无喜无嗔，和气有知，有识从容，信知三千色是空，始觉一点了无踪，是为序。

曾遗回首偈一律云：

数十年来梦幻真，今朝撒手谢红尘；

此生得赴灵山会，方识莲花不染心。

孝徒侄普光、鉴、观、周、仲、参、禅、谐、亮、凤、厚、昭、惠、罗、化、亮、业、昭、良、净、财、华；光净；毕顺、成、聪、高、陶、照、愿、然、相、书、梓；觉照、真仪；佛馗。曾孙性义、善。

孝徒侄普岱、义。

孝徒普连、德、育；毕能、济、彰、祥、秀、良、宣；曾孙徒性崇、本、空。

大清道光十五年十一月吉旦

石匠李讼、男大进

朝阳寺和尚墓塔群

江口县德旺镇德旺村朝阳寺后山，有三十余座和尚墓群，连成一片。有的有墓碑，有的无碑，塔已毁尽。从墓群规模和墓碑文字来看，朝阳寺应当始建于明末清初，开创人浩然和尚，到大梵和尚渐趋辉煌，并逐渐形成梵净山麓有相关影响的脚庵。现存有墓碑三通，一通碑题"传临济正宗第三十六世上大下梵老和尚塔"，立于雍正六年（1728 年），法徒流喻、流传、流信及徒孙真悟、真幡、真得等建，碑文由"铜仁野人周毓英拜撰"。"野人"这里指隐逸者。碑文记载朝阳寺首创于浩然和尚，雍正初期大梵和尚重修葺，寺庙焕然一新。碑文如下：

临济正宗第三十六世上大下梵老和尚塔

人有厌世而入静者，未必志行可著；有百尺竿头进步者，未必补旧益增，徒嗤嗤为衣食之计者焉耳已。若大梵，有可志者焉。出潕水而游铜江，百里许有山名朝阳，虽创自浩然，不过梵然一庵耳。彼则披荆斩棘，不顾老它头，焕然一新。是所谓厌尘而入静其有志行可者，百尺竿头而进步，其有补旧益增，飞蚩蚩为衣食之计者之可同日而比也。耶！予为之替曰：

> 结塔高峰五彩妆，凤凰来脉聚朝阳。
> 尘缘不染空声色，泄出临济一派长。

法徒流喻、流传、流信，徒孙真悟、真幡、真得、全建
雍正六年岁在戊申四月上澣日，铜仁野人周毓英拜撰

密空和尚塔

塔位于梵净山西麓坝梅寺旧址。塔额"塔铭垂芳"，铭题《铭真上人塔引》，嘉庆三年（1798 年）十一月二十五日立。《塔引》记载，铭

真和尚，原籍印江县人氏，俗姓周，生于乙巳（1725年）三月十一日子时，圆寂于乾隆五十九年（1794年）八月二十四辰时。碑文如下：

铭真上人塔引

吾山真师翁，印之鄙人周公长者之嗣也。一性不昧，幼而好善，慨有离尘之念，访道之心。一日叹曰："父登仙，升慈母高堂，而思日日大恩，终身难报。"为翁之母，素心积善，斋明盛眼，知因果种菩提者，一日见翁而有忧容，知翁之志空桑也。乃割爱焉，以成翁之愿，一遂翁之行。然曰："六削发于兹山，皈依华大和尚，俗号铭真，法号密空。"而翁即以是时，苦行修持，戴月披星，焚香礼课，酌水润花，后遂得戒于晓大和尚，参明心性，□悟大乘。然如此也，至晚年，调众安和，刊物利生，广行善渡，开示四众，传衣钵百有奇焉。翁不但奇特独露，真乘而又成物也。凡□还，源而有善根者，谁能如此也。今虽支履归，交磐涅 去矣，跐跋慈颜而示偈曰：

来来往往云忙忙，迅速光阴没商量；

等闲扑开混团面，清风透出秋月凉。

偈已西逝。垂眉合目，鼻露银光。但见鹤唳长空，一天花雨，见翁来去分明。思翁来也，生于乙巳姑洗月中浣一日子时；翁去也，于乾隆五十九年八月二十四日辰时辞世。兆兹山之东艮坤向者，四五年至今矣，往往有猿虎啸，如助翁之忾叹，而发蒙有意者，吾济独忘所自，平是则斯归所不容已者也。

临济正宗第三十八世孝嫡徒严仑、严正、严圣、孝嫡孙修朗、修心、修贤、修善、修然、修为、修明、孝曾孙正如、正明、正九、正光、正大、正悟、正普、正通、正空、正德、正爵、正玉、正刚。

孝徒侄严众、严兴，孝侄孙修种、修□、修道、修济、修彻、修悝、孝侄曾孙正心、正齐、正端、正定、正法、正参、正志，孝侄玄孙张权。

孝尼徒侄严九、严忠、严昭，孝尼徒孙修福，孝嫡尼徒孙慈和。

诸山戒子：寂觉、慧善、寂山、法乘、真念、寂昆、寂贵、天佑、悟能、昌华、慧念、法珍、严净、智见、真性、法伦。

侄法孙法戒，玄孙代静、代宣、达安。

本堂侄孙修道书撰；湖南石匠李远绅；印邑石匠张宏任

天运嘉庆三年仲冬月下浣五日吉旦

本堂大众建立

其他和尚墓塔

正心和尚墓：碑现存于梵净山西麓坝梅寺侧旧水碾边，高1米，宽0.46米。墓不知位于何处，碑上横额"艮山坤向"，正中竖刻："传临济正宗第四十一世上正下心智老禅人正性铭墓位。"右面刻："原命生于乾隆丁酉年十月十五日酉时建生。"左面刻："大限亡于道光庚子年三月初二巳时告终。"

应方禅师墓塔：位于梵净山西麓坝梅寺，塔名"南岳下第四十三世上应下方老禅人觉灵塔"。塔已损毁，碑存，碑高1.2米，宽0.7米。碑上字迹模糊，仅见"师现湖北施南府利川县所属尖山□□……月初六日辰时生，坐化□□……"从残碑文字中得知，应方和尚是南岳下第四十三世，在承恩堂受戒。其他事迹，尚待进一步发掘材料来考证。

佚名僧墓塔：位于梵净山西麓坝梅寺。塔毁，墓存，墓碑三合两檐，通高1.8米，雕刻精细。碑心横额"西空佳城"，竖刻"传临济正宗第四十一世□□……"，墓主法号难以辨认。碑心上另镶横额1通，横刻"浪院迎仙"四字。两边对联为："梵宫清幽直踞千层雪岭，宝塔宏廠遥临万顷烟波。"外侧有联："孝节联芳聊表徒心，哀思情深总尽师恩。"碑上镶装有梅花、莲藕等浮雕图案，梅花图案上有联："梅花九冬寒，菊蕊三秋冻。"莲藕图案上有联："藕莲放池塘，牡丹开满地。"

乾清和尚墓：位于梵净山西麓坝梅寺。墓已毁，仅见残碑上写有："传临济正宗第四十世乾清老禅人正性觉灵位。"

请移铜仁安化于大江口大堡奏摺

□ 岑毓英

窃查贵州一省，明代始入版图，从前苗多汉少，既有土司弹压，又设重兵镇抚，民事不多，在州县管数百里之地，可以遥制，今则汉苗生齿皆繁，几有鞭长莫及之势，而边要则莫如梵净山，查此山周围六百余里，界连四川湖南，附近此山之黔境，向归铜仁、思南、镇远、松桃等属所辖，均距城二三百里，或三四百里不等。平时有司征钱粮、验命案，皆因地方窎远，已属往返需时，而查缉奸宄，尤为耳目之不及，致逆匪盘踞六年，惨害百姓。今年夏间臣亲往搜剿，肃清后周历一次，揆度形势，似非移县治于适中之区，不足以资控制，查松桃镇远两厅县，皆地要事繁，碍难更多，惟铜仁府之铜仁县，思南府之安化县，俱系附府首邑，尚可移置，盖黔省郡县制度，与他省微有不同。如知府一职，不但表率属僚，兼与州县分管地方，皆系理事收粮，所以兴义府之兴义县，另驻要隘。并未附府；而大定、石阡、思州等府，亦无同城知县，今移铜仁、安化两首县，择要驻扎，仍与知府分界而治，核与黔省制度亦不相背。当饬各属官绅妥议，并与司道悉心筹画。查铜仁县属之大江口，舟楫可通，商贩云集，距府城九十里，距梵净山脚亦九十里。若将铜仁县移驻大江口，即不致顾此失彼。又查安化县属下五里之大堡，距府城七十里，附近沿河司接壤四川，为涪岸川盐入黔要路，距梵净山尚不甚远，该处人烟稠密，商贾辐辏。著将安化县移驻大堡，不仅于下五里沿河一带有益。即控制梵净山亦觉稍易，据善后局司道林肇元等会同贵东道易佩绅详请具奏前来，相应请旨，敕部核议施行。再建置城署，并划分疆界各事宜，容俟部核到日，再与司道另行筹办。抑臣更有请者。为政之要，必自经界始，黔省经界每多混淆。譬诸此村粮地，以界限而论，应归铜仁县经营，乃竟越铜仁、印江两县而归于安化县管者，俗谓之插花。村寨既多，争端由是而起，以致岐考抗粮窃盗等弊，层见叠出，前抚臣曾璧光，曾经通饬查办，复奏留臬司吴德溥督同经理，迄因各属绘图不全，事未举办。臣上年到任。采访地方利弊，并据绅士四川建昌道唐炯条陈，皆以此事为当务之急。兹拟督同司道。遴委廉干之员，会同各府厅州县，勒限清理。将彼此混淆之处，以城为的，取近去远，互相更换，庶经界既正，而户籍易于稽查，且乘便将各属田地钱粮，逐一查清，因兵燹后，各属钱粮档册，尽行遗失，百姓则互相欺隐，官吏则任意浮收，兹至以熟报荒，以荒作熟，种种弊端，难以悉数，实有不能不清查之势。至于荒田，亦即招徕开垦，照例限升科，似于吏治民生，均有裨益。

注释：清光绪六年八月二十六日（1880 年 9 月 30 日），贵州巡抚岑毓英在镇压梵净山刘满起义后，认为梵净山界于思南、石阡、铜仁、松桃四府（厅）边境，"距城窎远，岩壑阻深，林木茂密，最易藏奸，一有蠢动，扑灭为难，似非移县治于适中之区，不足以资控制"，而"铜仁县属之大江口，舟楫可通，商贩云集，距府城九十里，距梵净山脚亦九十里。若将铜仁县移驻大江口，即不致顾此失彼""著将安化县移驻大堡，不仅于下五里沿河一带有益，即控制梵净山亦觉稍易"。奏本拟将铜仁县治移驻大江口、安化县移驻大堡。十年六月，划清移县治后的府、县新界线，并定于当年九月初一(1884 年 10 月 19 日)起，府、县按照新拔地方分别经理。该奏摺现存江口县文物局。

图书在版编目（CIP）数据

梵净山纪事 / 饶绍君主编. -- 北京 ：中国文联出

版社，2017.3

ISBN 978-7-5190-2607-3

Ⅰ. ①梵… Ⅱ. ①饶… Ⅲ. ①梵净山—介绍 Ⅳ.

① K928.3

中国版本图书馆 CIP 数据核字 (2017) 第 048897 号

梵净山纪事

主　　编：饶绍君

出 版 人：朱　庆

终 审 人：奚耀华　　　　　　　　复 审 人：王东升

责任编辑：李　民　周　欣　　　　责任校对：傅泉泽

封面设计：科鹏文化　　　　　　　责任印制：陈　晨

出版发行：中国文联出版社

地　　址：北京市朝阳区农展馆南里 10 号，100125

电　　话：010-85923064（咨询）85923000（编务）85923020（邮购）

传　　真：010-85923000（总编室），010-85923020（发行部）

网　　址：http://www.clapnet.cn　http://www.claplus.cn

E－mail：clap@clapnet.cn　　　　　lim@clapnet.cn

印　　刷：四川金邦印务有限公司

装　　订：四川金邦印务有限公司

法律顾问：北京天驰君泰律师事务所徐波律师

本书如有破损、缺页、装订错误，请与本社联系调换

开　　本：710×1000　　　　　　　1/16

字　　数：120 千字　　　　　　　印　张：14

版　　次：2017 年 3 月 第 1 版　　印　次：2017 年 3 月 第 1 次印刷

书　　号：ISBN 978-7-5190-2607-3

定　　价：38.00 元